深耕历史　会心阅读

SHENDU
深 读
之 异化古谣言

中州古籍出版社

图书在版编目（CIP）数据

深读之异化古谣言 / 朱顺忠主编. -- 郑州 : 中州古籍出版社, 2013.12
ISBN 978-7-5348-4510-9

Ⅰ.①深… Ⅱ.①朱… Ⅲ.①史学－文集 Ⅳ.
① K0-53

中国版本图书馆 CIP 数据核字 (2013) 第 299334 号

责 任 编 辑 :	闵世勇
责 任 校 对 :	傅泉泽
出 版 社 :	中州古籍出版社
（地址：郑州市经五路 66 号邮政编码：450002）	
发 行 单 位 :	新华书店
承 印 单 位 :	廊坊市团结印刷有限公司
开 本 : 787mm×1092mm 1/16	印 张 : 12
字 数 : 130 千字	印 数 : 1-5000 册
版 次 : 2013 年 12 月第 1 版	印 次 : 2013 年 12 月第 1 次印刷

定 价 : 29.80 元

本书如有印装质量问题，由承印厂负责调换。

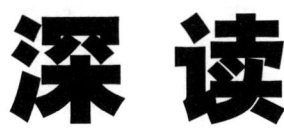

深读
SHENDU

之 异化古谣言

编辑部

陈威　徐焱　李志伟

叶佳　李彦　枫林

凯琪　王薇　齐庆涛

王家福　李影　钟如九

卷首

谣言
源于信息的梗阻

谣言不是无底洞，真相不会跌进去后，一直垂往深渊。真相也不是圣斗士，面对纷扰庞杂的信息，它非常容易被舆论搅起的泡沫藏在公理的最下层。所以我们需要真相，也渴望索求真相的奇妙炼狱之旅；我们当然不需要谣言，但没有谣言肆意发酵，何来真相甘醇弥香？

谣言和真相是一对欢喜冤家。这个世界上从来没有可以横行到天边的谣言，也绝不会有轻易腐烂在人们舌头下的真相。

一位历史学者这样评价封建王朝时期，谣言和庙堂的辩证关系：乱世多，盛世少；王朝末期多，王朝早期少；一般而言，衰世受困于谣言，乱世离不开谣言，盛世不在乎谣言。

据说直到今天，美国还有至少十万人不相信他们的宇航员曾经登临过月球。他们认为，所谓人类登上月球事件是一桩彻头彻尾的假新闻，哦不，是一个谣言，惊世谣言。这些人甚至还煞有介事地举出很多"登月视频和照片是在好莱坞摄影棚里拍摄出来"的所谓"证据"和"科学"推测。而对这些谣言指责，美国当局从来没有进行过回应。而不回应的原因是：真相面前，猜测和质疑依然是公民最基本的权利。

谣言是社会的麻醉剂，它让人们丧失追求真相的动力，也让真相沾满唾液和灰尘。

对于谣言，无论怎样喊打都是应该的，也是必须的。然而对于已经点燃的谣言之火，绝不能懈怠地认为仅仅把制造谣言者诉诸于法律，就可以吸去焚火所必须的氧气。事实上，对付谣言最有力的武器不是动用公权满大街缉捕造谣者，而是让真相借助于四通八达的言路，完整及时地公开晾晒。倘若只顾着满大街打老鼠，而不去寻找造成鼠患的原因，那么任凭猫儿再多，谣言都不会消失。当猫抓老鼠仅仅成为执政者的游戏时，人们也许还会对谣言多了几份戏虐的欣赏。

美国有一部著名的动画片叫《猫和老鼠》。尽管主人特别痛恨老鼠的偷盗和破坏，但是作为宠物和主人的帮手，TOM猫却成为这部动画片所有观众的笑料。

一个典型的例证是清朝的"叫魂案"。大清朝传至乾隆帝时，可谓如日中天，国力强盛无比。1768年春，浙江德清县传出"叫魂"的妖术和谣言——为了发泄对现实的不满，有人把活人的名字贴在木桩底部，借助大锤砸下的力量，"调动阴间的力量"诅咒那些被写了名字的人。原本只是民间整蛊用的封建迷信巫术，由于地方官府处置不当，造成"叫魂"术在人们的情绪宣泄中变成对现实的不满，对朝廷苛捐杂税的嘲弄。其实不需要多少智慧，但凡有点常识的人都会判断出来这种低档次的流言，原本就是一种集体情绪的自然发散和一定时间内的集体流露。

然而事情却向着相反的方向发展——各级官府动用衙役仵作四处缉捕"元凶"，造成越来越多的无辜者家破人亡。卷到"叫魂术"里的"居心叵测"者也从市井百姓，逐渐向政客和学者圈渗透。最后就连乾隆皇帝也认为"叫魂术背后，许有大阴谋"。于是裹挟着最高执政者意图的过度反应，让朝野上下一片恐慌。最后，小小的江湖术士整蛊巫术，居然成为影响大清帝国朝廷上下、数万人冤狱难平的的惊天大案！

倘若乾隆皇帝不是跟着谣言的鼻子走，倘若各级官府能有一点点彻查真相的精神，倘若当时有一个不畏谣言的官员敢于对朝廷的荒唐之举和过度反应说不，区区江湖术士之言怎可发展成为动摇庞大清王朝的无妄之灾！？

谣言是信息的异化，异化源于信息的梗阻。堵不如疏，疏，方能令谣言失去传播的动力。

2013年11月

二 深读

- 025 异化古谣言
- 042 「控谣」十国谈
- 052 据氏家族：谣言的灯塔

三 历史活页

- 066 联合国宪章
- 071 双十协定

六 旧闻新知

- 140 「为人民谋利益」的农民起义
- 146 黄巢起义：一场国家内乱

七 人物

- 153 最高级别的伪君子——王莽
- 162 勃列日涅夫：权力的幸运者
- 173 女总理季莫申科的囚徒路

目录

一 杂谈

- 002　禁止官员狎妓史略
- 005　历史上的吃空饷
- 008　雷锋塔下的原罪
- 012　「拆迁补偿」历史中的人性一面
- 016　从「爱国」到「革命」
- 020　清末：为民请命的冤大头

四 浓度

- 078　「二战」同盟国的初期溃败
- 093　外蒙独立史（一）

五 读史

- 107　实话与权力
- 119　苏联大饥荒天灾还是人祸？
- 129　路易十六 vs 路易十四

Consider Crossing Nations

禁止官员狎妓史略

历史上的吃空饷

雷峰塔下的原罪

"拆迁补偿"历史中的人性一面

从"爱国"到"革命"

清末：为民请命的冤大头

禁止官员狎妓史略

文／高杳

> 古代娼妓合法，平民百姓宿娼狎妓，政府一般不予干涉，但自宋朝以降，历朝在制度上明令禁止官员狎妓。

古代的妓女从概念上而言要比现在宽泛得多，一般分为两大类，五小类。前者可分为艺妓和色妓，艺妓主要从事艺术表演活动，而色妓主要是出卖色相，现在称为失足妇女。后者可细分为宫妓、营妓、官妓、家妓和民妓。宫妓是皇宫中服务于皇帝的妓女，营妓是服务于军队军官和士兵的妓女，官妓是服务于各级地方官员的妓女，家妓是达官贵人家庭供养的服务于达官贵人的妓女，而民妓，则接近于今天的失足妇女，她们活跃于民间，服务于社会。前三类属于国营妓女，是体制内的，虽地位卑贱却生活富足，享受国家公务员待遇，由国家财政供养。后两类属于民营妓女，是体制外的，在市场经济体制下发展，独立经营，自负盈亏。

中国最早的国营妓院，由齐国宰相管仲于公元前7世纪中期开设。《战国策·东周策》记载："齐桓公宫中七市，女闾七百。"据说，开办官妓的作用主要有三个：

杂谈

一是广开税收来源，增加政府的财政收入，"俗性多淫，置女市收男子钱以入官"（《魏书·龟兹传》）；二是规范"交易"行为，有利于社会安定；三是慰安官兵，"至汉武帝始置营妓，以待军士之无妻者"（《汉武外史》）。管仲的"发明"很快被各国效仿，一时官妓大兴，处处"莺歌燕舞"。

古代娼妓合法，平民百姓宿娼狎妓，政府一般不予干涉，但自宋朝以降，历朝在制度上明令禁止官员狎妓。宋朝规定官妓只能为官员提供歌舞和陪酒等活动，不能提供性服务。"嘉祐以前，提刑点狱不得赴妓乐。熙宁以后监司率禁，至属官亦同。惟圣节一日许赴州郡大排宴，于便寝别设留娼，徒用以乐号呼达旦。"若是官员因狎妓被曝光，除了问责还要主动提出辞职。据南宋赵德麟《侯鲭录》，宋仁宗时钱塘县令韩汝玉夜宿妓院，手下办事员第二天一大早有意站到妓院门前听差，出县令的洋相。气得韩汝玉将那办事员痛打了一百大板后，书面向时任杭州知府范仲淹请辞，称"韩某无状不检，为吏所侮，无以范民，请一解令归"。幸好范仲淹比较开明，在辞职信上批示，"公杰士也，愿自爱"。另据《宋史·王洙传》记载，当时的笔杆子、京官王洙，仅因在赛神会时与歌妓混坐在一起，便触犯了当时的"干部行为准则"，遭御史弹劾，被贬为濠州知州。

明朝开国皇帝朱元璋从建朝起便禁止官妓向官员提供性服务。据明田汝成《西湖游览志余·委巷丛谈》记载："宋时阃帅、郡守等官虽得以官妓歌舞佐酒，然不得私侍枕席。熙宁中，祖无择知杭州，坐与官妓薛希涛通，为王安石所执。"明余继登《典故纪闻》记载，正统皇帝时，"广东南海卫指挥使以进表至京宿娼，事觉，谪戍威远卫"。

清朝对于禁止官员狎妓直接釜底抽薪，取消教坊，全国废除乐籍制度，国家不再正式供养官妓，在制度上明令禁止官员嫖妓。有学者曾经笑言，当时在清朝，各级领导干部的性生活淡出鸟来，只好跟自家的妻妾用功，各自带头，为康乾盛世的人口激增，作了不少贡献。

美国著名法学家德沃金在《法律帝国》中有一句关于司法权力定位的经典名言：法院是法律帝国的首都，法官是帝国的王侯。溯源到宋朝，官员尚且"洁身自好"，现代法治社会，法官作为一个特殊群体更应该杜绝集体狎妓这类严重败坏法官形象的行为。

编辑：齐庆涛

历史上的吃空饷

文／萧乐

在民众看来，吃空饷是权力者的专利，他们欲过问，但心有余而力不足。也许正因如此，吃空饷与刑讯逼供、干爹现象、太监政治等一道，作为中国传统特产，千百年来屹立不倒。

关于"吃空饷"一词，《史记》曾记载："丁壮苦军旅，老弱罢转饷。"可见"吃空饷"是古已有之，且屡见不鲜。吃空饷，也叫吃空额，是指公职人员不上班照样领工资、享待遇的现象。在民众看来，吃空饷是权力者的专利，他们欲过问，但心有余而力不足。也许正因如此，吃空饷与刑讯逼供、干爹现象、太监政治等作为中国传统特产，千百年来屹立不倒。

"吃空饷"的"饷"本意指军粮，引申为军人的俸给。所以，"吃空饷"本意是指军官虚报兵员冒领军饷，因此"吃公饷"普遍存在于古代军队之中。自古以来，每一朝的军队都有吃空饷的现象，吃的是士兵缺编的空饷。领兵的人，没有地皮可刮。所以，军官想发财，最适当的办法，就是吃空饷。这其间，当以明末与清末最为泛滥成灾。原因就是这个时期的军队，是国家按人头拨款，有兵额就有一份饷银。

明朝开国之时，朱元璋施行屯田制，目的是要军队的军粮、军饷都自力更生。但至王朝末年朱元璋的这一想法也没有得到实现。军队根本养活不了自己，只能虚报兵额，冒领粮饷。明遗民林时对在《荷牐丛谈》中说："余在长安，班役多窜藉三大营，冒名支粮，每月至三四石，遇操期则请人画卯耳。"蒋臣在《无他技堂遗稿》中说："京兵旧止空藉，凡负贩诸佣及各衙门班役皆是也，临点则募市人充之。"由此可看出，军队里有大量的兵员缺额，是由商贩、衙役、佣工等普通人来冒领军饷。而有意思的是皇帝们心里都很清楚，因为军队吃空饷已经是当时的潜规则，犹如拉帮结派是官场的潜规则一样，是公开的秘密。只要你吃空饷不吃过了头，不为离谱，执政者也就睁一只眼闭一只眼。

到了清朝中后期，吃空饷的现象愈发严重。甚至于清朝的军队吃空饷还吃出个名目，叫"荫粮"。根据大清军制，分八旗和绿营。绿营是汉兵，身份不及八旗尊贵，同一军阶，其待遇还不足八旗的三分之一，且一般都有四分之一到三分之一的空额，有的竟达到一半以上。于是将官通过吃空额来补偿，这就称为"荫粮"。大量冒充吃缺，导致军营实际人数严重不足，遇到上级检阅，便临时雇人充数，骑兵临时借马、水师雇寻渔民，堪为奇观。

官场的吃空饷，与今日官场的吃空饷大同小异。从中央到地方，官吏贪污腐败日益严重，所谓"官侵"、"吏蚀"，手段之一就是"吃空饷"。嘉庆十四年，工部书吏蔡泳受、王书常等人，在皇帝眼皮底下，采取假印舞弊、捏造大员姓名等手段共冒领银物14次，总计价值7万余两。

民国时期也存在着许多吃空饷的现象。1943年，由于吃空饷案发的江西大余县警察局，本来正式警官和警员只有123人，上报的名额却多达255人，这个比例堪比明末军队吃空饷的比例。而且，这些空饷发到大余县警察局，警员们没有得到一分，全部被局长郭焱冒领后折价变卖。因当时抗战，案件一拖再拖，最终不了了之。这一幕，置于今天的官场，也只是寻常。

吃空饷这种现象，是一种晴雨表。它的普遍出现，往往昭示着制度出现了某些特别重大隐患，也表明了国家机器的锈蚀。人作弊，犹可治；制度作弊，除非推倒重来，否则无药可救。纵论古今，吃空饷的原因，不外乎贪渎，贪欲与利益共生，"吃空饷"并非中国特色，但中国特色的"吃空饷"却让我们瞠目结舌。

编辑：李影

雷峰塔下的原罪

> 愚昧，国民性中最丑陋的一面，让雷峰塔倒掉。

文／高杏

"到杭州，看见这破破烂烂的塔，心里就不舒服"，这是鲁迅说的。鲁迅的"不舒服"是因为《白蛇传》的传说，"那时我唯一的希望，就是这雷峰塔的倒掉"。

雷峰塔对于白娘子和许仙的爱情而言，是一个破坏者形象。凡尘仙界永结连理，人身蛇妖终成姻缘，却终躲不过雷峰塔这个永镇之地。

《白蛇传》早先是没有雷峰塔的，谢鲁渤在《雷峰塔一二三四》（以下简称"谢文"）写道："明清文人如冯梦龙、张岱、袁枚乃至李渔、蒲松龄等，都曾为之渲染过，给《白蛇传》抹上了爱情色彩的《白娘子永镇雷峰塔》，就出自冯梦龙笔下的《警世通言》。据说在冯作之前，从唐传奇《李黄》到宋话本《西湖三塔记》，其实都是称白蛇为'妖'的，讲述的是恐怖色情和平妖除孽的故事。虽说朝代更迭，故事的发生地由大唐西域挪移到了南宋偏安的杭州，实质性内容却变化不大，即便如民间流传的弹词本《义妖传》那样称白蛇为'义妖'，终究也还是'妖'。说美女蛇便是由此而来，缺乏依据，但白蛇变成白娘子，原是对许仙施以'色诱'的，只是到了冯梦龙的《警世通言》那里，才变成了爱情。"

当《白蛇传》中出现了雷峰塔，一个悲怆的结局无可挽回地出现了。"在乱花迷眼的西湖山水间，爱情只是一种浮光掠影的虚幻浪漫而已。"

雷峰塔的"薄情"让世人骨鲠在喉，不仅仅是鲁迅，世人也是希望雷峰塔倒掉的。在传说中，雷峰塔是被白素贞的儿子梦蛟哭倒的，而在现实中，雷峰塔倒塌的确切时间是1924年9月25日下午4点（另一说是1点）。一个月后，鲁迅写了一篇《论雷峰塔的倒掉》刊登在了北京的《语丝》周刊上，雷峰塔倒掉的消息传播开来。三个月后，再写一篇《再论雷峰塔的倒掉》，直接揭开国人国民性中丑陋的一面，"仅因目前极小的自利，也肯对于完整的大物暗暗地加一个创伤。人数既多，创伤自然极大，而败倒之后，却难以知道加坏的究竟是谁？"

挖砖不仅仅是"逢凶化吉"，而是雷峰塔的塔砖的确非同寻常，是藏有经卷的，经卷据称是"陀罗尼经"，价值很是珍贵。消息不胫而走，但由于杭州话"经"、"金"不分，使得不少人误以为雷峰塔的塔砖中藏着金子，寻金者也就日日接踵而来。

谢文对此有详细的描述，"雷峰塔就这样经历了它自建成以来最鼎盛的热闹。人们在它的残骸上梦幻般拥来挤去，逢砖便砸，却始终不见有人砸出金子。从砖洞里掉出的经卷，'因年久霉烂，形如雪茄烟'，但多被掷弃，被踏碎，碾入泥尘；堆在表层的塔砖，很快便几无完整。次日，被惊动的官方派来了警察，在消失的雷峰塔前荷枪实弹，不允许再有人乱翻乱砸"。

丰子恺的老师姜丹书，"在塔倾次日前往时，所谓塔砖藏'金'之传尚未招致疯狂，总算找到过一块。姜先生爱不释手，带回家一刀一刀地将其凿成了砚形，并在上面刻了雷峰塔的图形，用蜡液加以浸泡，置于书案成文房一宝，虽出于文人的雅兴，却也是对雷峰塔的念想。据说他后来还为时任西湖图书馆馆长的范均之，也制了同样的一块砖砚"。

雷峰塔的塔砖是真真的藏着经卷的，"但年久霉变加上随地掷弃，大多已成纸泥碎片。完整的当然也有，那时的杭州商会会长王芗泉手里就存了一卷。王芗泉不会去坍塔现场搜寻，是买的还是送的，无从得知。有个姓许的诸暨人，在清河坊的大井巷开了一家叫'懿文斋'的裱画店，听说后去找了王会长，从他那里借出来仿刻了一副木版，印刷装裱后，拿去卖钱。因是批量生产，数目大，所以价钱不贵，每幅仅售一块银元，市面上流布甚广"。

杂谈

1925年2月2日，《京报》副刊刊登了胡也频给编辑孙伏园的信——《雷峰塔倒掉的原因》。信中说：雷峰塔不知在什么时候倒掉了一半，剩下了半截，一副破败的样子。但是由于乡下人迷信，认为把雷峰塔的砖拿一块放在家里一家人必定平安、如意，逢凶化吉，所以到雷峰塔观瞻的乡下人，都要偷偷地挖一块砖带回家去。久而久之，雷锋塔下面的砖被挖空了，雷峰塔就倒掉了。

据说，雷峰塔的倒塌不是直着坍下来的，而是朝东南方向斜倾倒地。78年后，雷峰塔重建。

"雷峰塔不是倒了吗？"

编辑：齐庆涛

"拆迁补偿"历史中的人性一面

文／智渊

强制拆迁是这些年来国内城市化推进过程中绕不开的一个敏感话题，那这样的大规模城市拆迁活动在我国古代是如何规定的呢？历朝历代，任何一个没有法律约束的社会和封建专制的帝王政权中，百姓和政府在权益的博弈中，吃亏的往往是没钱没权的老百姓，虽然在漫长的历史长河中也偶尔出现过那么一些闪光点。

宋朝的"拆迁补偿条例"

北宋元丰六年，即公元1083年，当时的朝廷起草了一部类似于当今社会的拆迁补偿条例。该条例规定，对于拆迁户，要进行相应的实物或者货币补偿，并且由京城兵马司负责测量待拆住宅，户部和左藏库拨款，将作监在别处建同等面积住房，供拆迁户居住。

而货币补偿更是要由被称作"提举京城所"的机构,负责估算待拆房屋的价格,并要对房屋的买入价和当时的实际价格折中。作为拆迁的补偿标准,由政府和国库来出资补偿。有专门研究宋代拆迁的文章称,有一年,开封府拆迁户120家,共获得补偿二万六百缗,亦即20600贯(一千文为一贯),平均每户能补偿171.16贯。171.16贯在京城开封能买到多大的房子呢?开封府房价的具体数值现在已难查实,但以苏轼弟弟苏辙在广东买房的价格,可推测一二。

文学家苏辙贬官至循州(今属广东)时,他用多年的积蓄5万钱买民房大小10间。5万钱即50缗(贯)。当然当时的首都开封应当属于一线城市,房价必然会比其他地方略高,但以171.16贯的补偿金额也能买到几间不错的房子,宋朝出台的"拆迁补偿条例",比现代社会早了近千年。

明朝:杀死"强拆"者不受惩罚

中国历史上多个朝代都明确立法,保护私人住宅地的财产安全,汉代时曾禁止官吏夜入民宅,无故入人室宅庐舍,被主人杀死,主人无罪。这一法律精神在唐、宋两代被基本继承。而明代法典《大明律》规定："凡夜无故入人家内者，杖八十。主家登时杀死者，勿论。"

由于年代久远，对于历朝大部分的法律细则，都无法找到相应的案例予以支撑，不过细心查找总能寻出些端倪。在明代作家吴承恩笔下的《西游记》中就有这样一节，在"云栈洞悟空收八戒"这一回目中，孙悟空的一根金箍棒将八戒老巢云栈洞洞口打烂。八戒大怒，走出来如此责骂悟空："你这个弼马温，着实恁懒！与你有甚相干，你把我大门打破？你且去看看律条，打进大门而入，该个杂犯死罪哩！"虽然这只是虚构的小说情节，可以看出，当时作者身处的社会环境对于私宅的保护力度。

顺治安置拆迁顾及双方利益

在清顺治帝时，由于清朝正值建立之初，为避免城内满汉两族矛盾纷争，当时的政府决定推行满汉划城而居。在这样的背景下，北京曾有一次牵涉城内几乎所有汉族官员和民众的大搬迁，而这次大规模的搬迁却没有引起京城社会各阶层的混乱。

据史料记载，顺治皇帝于1648年八月曾下令："……朕反复思维，迁移虽劳一时，然满汉各安，不相扰害，实为永便。除八旗充投汉人不令迁移外，凡汉官及商民等，

杂谈

尽徙南城居住，其原房或拆去另盖，或质卖取价，各从其便。朕重念迁移累民，著户、工二部详查房屋间数，每间给银四两。此银不可发与该管官员人等给散，令各亲自赴户部衙门，当堂领取，务使迁徙之人得蒙实惠。"为防止拆迁的官员克扣、吞没拆迁补偿银两，当时还规定，拆迁补偿的银两必须由各拆迁户亲自到户部衙门领取，不得让有关官员发放。

顺治皇帝曾几次强调关于对拆迁户的补偿事宜，一定要先给银子，什么时候搬迁，悉听其便，只要在半年以内迁走就行。这样的规定让拆迁这种没有人情味的举动，多了一丝暖意，少了催逼之意，比较尊重被拆迁者。

从这几个事例中可以看出，古代的政权对于拆迁工作是慎之又慎，他们也明白一座将被强拆的房子，可能就是一个小小的引线，就有可能引发社会矛盾的火药桶，虽然各个朝代的统治者善待拆迁的根本只是为了巩固江山的稳定。对拆迁，怎能不慎之又慎？也许对于权贵来说，拆迁处理的过程只是赚多赚少的问题，但这对百姓来说，却就多了一个安身立命的根基所在。

编辑：徐焱

从「爱国」到「革命」

文／雷颐

> 如果说「立宪」的复苏是日俄战争的一个重要后果，那么一些青年由「爱国」走向「革命」，则是日俄战争的另一个重要后果。

早在 1901 年初俄国外交大臣提出全面剥夺中国在东北主权的约款时，爱国民众在当年 3 月就两次在上海张园集会，谴责俄国侵略，要求清政府拒绝签字，得到全国及海外华人广泛响应，他们还致电督抚呼吁拒俄。这次集会以士绅为主，对政府颇有期待，有人称为"尊君爱国有同心也"。正是在这种压力下，清政府未敢与俄签约。

1903 年 4 月，俄国拒绝按约撤军的消息传来。4 月 27 日，在上海的十八省各界爱国人士第三次在张园集会，声讨俄国侵略中国的野蛮罪行，并一致议决发出两个通电：一个致各国外交部；一个致清政府外务部，抗议俄国侵略，并成立了领导运动的中国四民总会。4 月 29 日，在日本东京的中国留学生集会，与会者群情激愤，决议成立拒俄义勇队，黄兴等 130 多人签名入队，陈天华等 50 余人签名加入本部。4 月 30 日，在蔡元培的主持下，四民总会、爱国学社等 1200 余人在张园举行第四次拒俄大会。

蔡元培首先发表演说，当他读到"俄祸日急，留日学生已电北洋主战，结义勇队赴敌，望协助"时，群情激愤，会议议决改名为国民总会。邹容等1600余人先后签名入会。同日，北京的京师大学堂学生集会，抗议俄国侵略。5月中旬，拒俄义勇队改为"军国民教育会"。在很短时间内，以青年学生为主体的拒俄爱国运动在大半个中国轰轰烈烈展开，尤其是留日学生，更加激烈。

面对独立的学生爱国运动，清政府认为是"反清革命"。驻日公使蔡钧在奏折和给两江总督端方的电报中都将"拒俄义勇军"与从前的唐才常武装勤王的自立军相比，"名为拒俄，实则革命"。对此时尚属"保皇立宪"阵营中的"拒俄"学生，清政府一开始是严令禁止，禁而不止之后，干脆坚决镇压。正是清政府对学生拒俄运动的严厉镇压，促使学生迅速激进化，开始转向革命。蔡元培是"辛亥元勋"之一，但在1903年底，在他参与创办的《俄事警闻》上发表《告革命党》等文，还劝立志"反满革命"的革命党人在盗贼"盗劫吾物"的时候，不应该"不追盗而徒责吾仆通盗之罪"，应与清政府共同抗俄。日俄战争爆发后，《俄事警闻》停刊，于1904年2月底改为《警钟日报》出刊，蔡元培任主笔。正是在这期间，蔡元培变得更加激进，在1904年还参加了军国民教育会的"暗杀团"。轰动一时的邹容的《革命军》、陈天华的《警世钟》

都山版丁拒俄运动高潮中，影响之大难以估量。1903年7月，军国民教育会将原订宗旨中的"实行爱国主义"改为"实行民族主义"，此所谓"民族主义"，即反对满清之革命是也。

上海和东京是这些新式知识分子最为集中的地方，在1903年前后，革命小团体纷纷涌现，并形成办刊办报、出书宣传革命思想的热潮，在短短二三年间出现政治性刊物就有近二十种。卢梭、伏尔泰、华盛顿……悉数被介绍进来。

此前，孙中山的活动重点是会党，在留日学生中并无"市场"，甚至将他视为"盗寇"。但1903年夏他来到日本时，发现情况大有改观，一些留日学生主动与他接触，探讨中国未来。从此，孙中山的活动重点就由会党转为留日学生，"革命力量"开始形成，"革命"与"改良"道分两途，"革命"虽仍弱小，但已有资格与"改良"展开理论论战。拒俄运动、日俄战争使学生将"国家"与"朝廷"区分开来，从"爱国"走向"革命"，为1905年革命力量的"大联合"打下了基础。

1905年4月，《革命军》的作者邹容病逝于狱中，两年前引起巨大反响的《革命军》再引万众瞩目。1905年12月，革命党人陈天华跳海自尽，他的革命檄文《警世钟》《猛回头》亦再引万人传诵。革命思潮，汹涌而来。

杂谈

　　随着形势的发展，成立统一的全国性革命政党的任务提上了历史舞台。1905年8月，经过孙中山、黄兴等人的多方努力，将分散的革命小团体联合、统一起来的具备近代资产阶级革命政党规模的中国同盟会终于正式成立，并于当年10月创办了影响深远、在革命宣传中起了重要作用的机关刊物《民报》。同盟会将原本分散的革命力量汇集一处，因此力量空前壮大。至此以后，"革命风潮，一日千丈"。

编辑：徐焱

清末：为民请命的冤大头

文／吴思

至于那个戥头，据说在光绪十一年，眉山县令毛隆恩觉得不好，主动给革除了。从时间上看，这与释放李燧大约同时，不过功劳却记在了新领导的账上。

明成祖朱棣曾经有一道圣旨，一字不差地抄录如下："那军家每年街市开张铺面，做买卖，官府要些物件，他怎么不肯买办？你部里行文书，着应天府知道：今后若有买办，但是开铺面之家，不分军民人家一体着他买办。敢有违了的，拿来不饶。钦此。"

假如我是当时在北京开小铺的买卖人，官府摊派到我头上，勒索到我头上，我敢执拗一句半句吗？我自以为并不特别胆小，但是我得老实承认，我不敢执拗。皇上分明说了，"敢有违了的，拿来不饶"。像我这样的小老板，拿了就拿了，打了就打了，宰了就宰了，不就是一只任人宰割的羔羊吗？皇上就是这样看待我们的，我认为他看得很准。

杂谈

皇上的事情就不多说了。在名义上，他是天道的代表，有责任维护我们小民的利益，下手不应该太狠。我们还是把重点放在贪官污吏身上。

对封建帝国的官吏们来说，勒索老百姓也是一件很容易的事情，并不需要费心策划。想要他们的钱，只管开口要就是了，难道还有人胆敢抗拒政府收费吗？无人抗拒是正常的，偶然有个别人跳出来反对，那就不正常了，如同异常天象一样，我们就能在历史中看到记载了。

据四川《眉山县志》记载，清光绪初年，眉山县户科（财政局）积弊甚重，老百姓交纳皇粮正税之外，每户还要派一钱八分银子，这叫戥头。官员和胥吏把这笔钱据为己有，上下相蒙20年不改。

一钱八分银子并非要命的大数字，按照对大米的购买力折合成现今的人民币，相当于80多块钱。按照现在的贵金属行情计算，还不到20块钱。我们折中一下，姑且算它50块钱。数字虽小，架不住人口多、时间长。眉山县地处四川盆地，天府之国，一个县总有三五万户，如此收上20年，这就是三五千万人民币的巨额数目了。

眉山县有个庠生，也就是州县学校的读书人，名叫李燧。《眉山县志》上说他"急公尚任侠"，是个很仗义的人。这50块钱的乱收费不知怎么就把李燧惹火了，他义愤填膺了,"破产走五千里"到上级机关去告状。既然闹到了上访的地步,我们就可以很有理由地推测,他在眉山县一定也闹过,但是没有成果,县领导一定不肯管。县领导要掐断部下三五千万人民币的财源,说不定其中还包括领导本人的若干万,想必是很难下手的。这是一个很要命的重大决策。

李燧的上访并不顺利,他把更高一级的领导惹怒了,被诬陷为敛钱,革除了他的生员资格。生员资格也是很值钱的。清人吴敬梓写的《儒林外史》第三回说,穷得叮当响的私塾先生周进,在众商人的帮助下花钱纳了个监生,可以像生员一样到省城的贡院里参加乡试,花费了二百两银子。折中算来,这笔银子价值四五万人民币。如此估价生员身份并没有选择高标准。《儒林外史》第十九回还说,买一个秀才的名头(即生员身份)要花一千两银子。请枪手代考作弊,也要花费五百两。我的计算已经打过四折了。

李燧为什么这么倒霉,其中内幕只能推测。他要断人家的大财源,不可能不遭到反击。官吏们熟悉法律条文,又有权解释这些条文,再加上千丝万缕的关系,彼此同情,反击一定是既合法又有力的。遥想当年,李燧上访难免得到一些老百姓的支持,大家凑了一些钱。这既是非法集资,又是聚众闹事,还可以算扰乱社会秩序,甚至有危害国家安全的嫌疑。结果，李燧丢掉生员资格后，因敛钱的罪名被投入监狱。在他漫长的坐牢生涯中，几次差点被杀掉。

李燧入狱后，当地老百姓更加痛苦无告，也没人敢再告了。眉山的官吏们严防死守，杀鸡吓猴，保住了财源。

12年后，省里新来了一个主管司法和监察的副省长，他听说了这个情况，很同情李燧，可怜他为了公众的利益受此冤枉，放他回了家，还赠给他一句话——破了产，丢了生员的资格，走了5000里路，关了12年，得了一首诗。这就是李先生本人的得失对比。至于那个戥头，据说在光绪十二年（1886年）那一年，眉山县令毛隆恩觉得不好，主动给革除了。从时间上看，这与释放李燧大约同时，不过功劳却记在了新领导的账上。我宁愿相信是李燧发挥了作用，不然这牢也坐得太窝囊了。

编辑：陈威

深读

据氏家族：谣言的灯塔

「控谣」十国谈

异化古谣言

异化古谣言

> 谣言是信息的异化,异化源于信息的梗塞,堵不如疏,方能令谣言失去支撑的异化。

文／高查

谣言的历史可谓源远流长,法国学者让·诺埃尔·卡普费雷将其称之为"世界最古老的传媒"。

谣言包括造谣和传谣,中国古人把造谣简称为"谣",把传谣简称为"诼",合在一起叫"谣诼"。"谣"是来自民间流传很广的徒歌俚语。《汉书·艺文志》释曰:"小说家者流,盖出于稗官,街谈巷语,道听途说者之所造也。孔子曰:'虽小道,必有可观者焉,致远恐泥,是以君子弗为也,然亦弗灭也。闾里小知者之所及,亦使缀而不忘。如或一言可采,此亦刍荛狂夫之议也。'""谣诼"之称始见于屈原的《离骚》："众女嫉余之蛾眉兮，谣诼谓余以善淫。"注云："谣谓毁也，诼犹谮也。"

谣言，古代是指民间流行的歌谣或谚语，主要形式有流言、歌谣、童谣、谶纬、绰号、风闻等，因其生动形象，概括力强，是古代传统社会重要的舆论形态之一。

谣言变种舆论兴

清人刘毓崧在《古谣谚·序》中指出，"盖谣谚之兴，由于舆诵"。可见在古代，谣是一种流传较广的舆论传播手段，是一种舆论工具。

"流言"一词始见于《尚书·金縢》，其文曰：武王既丧，管叔及其群弟乃流言于国，曰公将不利于孺子。蔡沈注曰："流言，无根之言，如水之流自彼而至此也。"朱熹集传："流言，浮浪不根之言也。"《礼记·儒行》："过言不再，流言不极。"孔颖达疏："若闻流传之言，不穷其根本所从出处也。"著名传媒学者郭庆光认为，流言是一种信源不明、无法得到确认的消息或言论，通常发生在社会环境具有较高的不确定性，而正规的传播渠道（如大众传媒等）不畅通或功能减弱的时期。

"歌谣"是古代民间文学的体裁之一，是民歌、民谣、儿歌、童谣的总称。《汉书·艺文志》："自孝武立乐府而采歌谣，于是有代赵之讴、秦楚之风，皆感于哀乐，缘事而发，亦可以观风俗，知薄厚云。"北魏贾思勰《齐民要术·序》："今采捃经传，爰及歌谣，询之老成，验之行事，起自耕农，终于醯醢，资生之业，靡不毕书。"我国第一部诗歌总集《诗经》，现存诗三百零五篇，大部分是各地民间歌谣，有相当部分是当时盛传的谣言。

童谣历史悠久，最早始于《诗经·魏风·园有桃》——"心之忧矣，我歌且谣"。《列子》中记载的《康衢童谣》，据说是我国传说中的圣人尧时的童谣。《古今事物考》说："《列子》曰'尧乃微服游于康衢，闻儿童谣'，谣之起，自尧时然也。"古人说："童，童子。徒歌曰语。"（《国语·晋语》韦昭注）。"童子歌曰童谣，以其出自胸臆，不由人教也。"（杨慎《丹铅总录》卷二五）。明代以前，所有的童谣几乎都是政治童谣，不同程度地都是政治斗争的工具。从明代开始，在继续发展政治性童谣的同时，产生了一批真正反映儿童生活的童谣。现存我国最早的儿歌专集是明代吕坤于1593年编成的《演小儿语》。

谶纬，是中国古代谶书和纬书的合称。谶是秦汉间巫师、方士编造的预示吉凶的隐语，假托神仙圣人，预决吉凶，告人政事。纬是汉代附会儒家经义衍生出来的一类书，被汉光武帝刘秀之后的人称为"内学"，而原本的经典反被称为"外学"。谶纬之学也就是对未来的一种政治预言，《四库全书总目提要》说："谶者，诡为隐语，预决吉凶"，"纬者，经之支流，衍及旁义"。秦始皇时，方士卢生入海求仙，带回《图录》一书，中有"亡秦者胡也"的谶语。秦始皇误以为说的是匈奴，于是命蒙恬率30万大军北击匈奴，后来历史表明，"亡秦者胡"指的是胡亥。唐代时，有人预言"唐三世以后，女主武王代有天下"，唐太宗以为是李君羡，找个借口把她杀了，结果历史表明预言说的是武则天。在四大名著中也有许多谶纬，《三国演义》中关羽年轻时，有一位老人对他说："雨水盛，麦子亡。"这句谶纬中暗示了关羽水淹七军与在麦城被谋害。《水浒传》中鲁智深，一位禅师告诉他：遇林而起，遇山而富。遇水而兴，遇江而止。逢夏而擒，遇腊而执，听潮而圆，见信而寂。

"绰号"也是谣言的一种典型形态，通常是单词或短语。绰号最早见于汉朝，如严延年、郅都、董宣是三个酷吏，他们用法严酷，世称之为"屠伯"、"苍鹰"、"卧虎"；如杨震因为博学，而被人尊称为"关西孔子"；如董宣，其任洛阳令时，光武帝刘秀姐姐湖阳公主的奴仆仗势杀人，被湖阳公主包庇。董宣拦住湖阳公主的车，

深读

令奴下车而杀之。公主诉于刘秀，刘秀令其向公主叩头谢罪，董宣拒不低头。刘秀令人强按之，也不能使其俯首。京师豪族贵戚莫不畏之，号为"卧虎"；如冯异，"异为人谦退不伐，行与诸将相逢，辄引车避道。进止皆有表识，军中号为整齐。每所止舍，诸将升坐论功，异常独屏树下，军中号曰'大树将军'。及破邯郸，乃更部分诸将，各有配隶，军中皆言愿属大树将军，光武以此多之"。这里是说，冯异为人谦逊，从不自我夸耀，出行的时候与别的将军对面相逢，就带开马车让路。他带领的部队行止进退都有标志性的旗帜，号令分明，在各部队中号称整齐。每当宿营时，将领们坐在一起，总是争说自己的功劳，冯异却常常一个人躲在树下休息，部队里送他个美称"大树将军"。攻入邯郸后，给将领们重新分配任务，对部队也重新安排部署。这时，下级兵官都说愿意在"大树将军"麾下。光武帝因此很推崇他；如宋代的丁大全、陈大方、胡大昌同时担任谏官，本应积极进谏，指斥时弊，但他们却明哲保身，不敢进言，时人讽刺其为"三不吠犬"，形象至极；明代刘吉、万安、刘翊三人位至实相，却碌碌无为，饱食终日，无所成就，时人噱称他们为"纸糊三阁老"，爱憎之意，一目了然。如《水浒传》中，一百单八将的绰号更是人尽皆知。

风闻言事治国方

"风闻","言者无罪闻者足戒",也叫"风闻言事"或"风闻弹奏",是我国古代监察制度的一种重要形式,指的是古时御史等任监察职务的官员可以根据传闻进谏或弹劾官吏,泛指据传闻向上检举官吏。

古代,一个官员的政绩往往也会成为百姓谣言的主要内容,百姓会编造谣言赞美好官,也会想方设法讽刺贪官。所谓官员的口碑,在很大程度上取决于百姓的谣言,这便是谣言的监督作用。古时的监察人员无须持有真凭实据,只要依传闻便可立案纠劾,且不记揭发人姓名,不重证词和自讼。历朝历代都非常重视谣言的作用,《后汉书·刘陶传》就记载:"光和五年,诏公卿以谣言举刺史、二千石为民蠹害者。"说的就是皇上让官员根据百姓的谣言举报一些地方官的劣迹,此后便被很多朝代所沿袭。"风闻弹奏"的职权和对象十分广泛,"肃正朝仪。纠弹不法,鞫审重狱,监察军旅"无所不包,"自皇太子以下无所不纠"(《通典·职官典》)。被弹纠者一旦被奏以"风闻",轻则夺薪贬职,重则丢官杀头。御史的这种弹奏方式对作奸犯科者产生了极大的威慑作用。所以杜佑说:"御史为风霜之任,弹纠不法,百僚震恐,官之雄峻,莫之比也。"(《通典·职官典》)

"风闻言事"并非不讲证据，不重事实。四川文理学院教授刘长江和四川文理学院教师、硕士秦静在《"风闻"不是谣言》一文中指出，"风闻言事"有两个方面的途径：一是御史等监察官员（其他职官也可）先依据传闻纠举，然后进行立案侦查，顺藤摸瓜，搜集证据。如北魏宣武帝时（500～515年），御史王显"风闻前洛州刺史阴平子石荣、积射将军抱老寿恣荡非轨"，"即摄鞫问，皆与风闻无差"（《魏书·抱嶷传从弟老寿附传》）。特别是清代，许多大案要案都是通过这种方式侦破的，如雍正十一年（1733年）的俞鸿图"私卖秀才"案，乾隆二十二年（1757年）的蒋洲侵亏勒派案，乾隆四十五年（1780年）的李侍尧贪污纳贿案，乾隆四十七年（1782年）的国泰、于易简贪勒亏空案等，都是历史上有名的"风闻弹奏"成功案例。当然也有许多只依传闻而不加详细调查因而造成了冤假错案的，著名的如发生于清同治年间（1862～1874年）的杨乃武与小白菜一案，为我国历史上著名悬案之一。知县刘锡彤听信街巷传闻葛品连（小白菜丈夫）之死系杨乃武与小白菜因奸下毒的猜测而胡乱断案，不作调查，草菅人命，致成冤案。此案不但惊动了同治帝，还惊动了两宫皇太后，影响之大，堪称旷古，这样的做法就不是"风闻言事"而是听信谣言了。二是如《通志·官职四》所言的："旧例，御史台不受诉、讼，有通辞状者，立于台门候御史。御史径门外收采，如可弹者，略其姓名，皆云风闻访知。"这实际上是对告事人的一种保护措施。如北宋时，御史翟思以"风闻"奏事，神宗"有旨诘所自来"，御史中丞黄履谏道："御史以言为职，非有所闻，则无以言。今乃究其自来，则人将惩之，台谏不复有闻矣，恐失开言路之意。"（《宋史·黄履列传》）不但保护了告事人，也维护了御史"风闻言事"的严肃性，保证了监察工作的正常开展。除了在台内听取"风闻"外，御史还会经常出使州郡，收采"风闻"。即"御史出使，悉受风闻"（《魏书·高崇传附子道穆传》）。通过这些方式，御史能获悉大量的案情和作奸犯科的事实，从而有效地发挥监察职能。

朝廷也会专门派人到民间搜集谣言，也就是一种所谓的"采风"。苏萍在《谣言与近代教案》一书中写道，由于谣言是一种舆论工具，古人对风谣的采集相当重视，有"圣王辟四门、开四脱、立敢谏之旗，听歌谣于路"的主张，有"观历县邑、采问风谣，然后乃近"的行为。《后汉书·李郃传》说："和帝即位，分遣使者，各至州县观采风谣。"《东朝录》亦云："皇太孙洪武三十一年，上亲择二十四人为采访使，以观风谣。"而一些大臣也力劝皇帝注意体察民谣。刘敞《论灾变疏》："臣伏以圣王所甚畏事者莫如天、所甚听者莫如民，是故观天意于灾祥，察民情于谣俗。

因灾祥以求治之得失,原谣俗以知政之善否。"《后汉书·蔡邕传》载,东汉有"三公谣言奏事"制度。南朝时也有"台谏风闻奏事",至北宋最为盛行。这种奏事,由三公或御史根据风闻的谣言内容上奏皇上,指出皇帝或某个大臣的过失。有些帝王则根据百姓的谣言所表达的意见,罢黜一些奸贪官吏,以平息他们的愤怒情绪。如《三国志·魏武帝纪》裴松之注所引《魏书》记载:"灵帝诏书,敕三府举奏州县政理无效、民为谣言者免罢之。"很多朝代都有"风闻言事"的做法,仅凭谣言就可以对官员进行举报、弹劾。据宋朝《东轩笔录》记载,官员苗振到明州做地方官,熙宁年间退休回到郓州,在那里买田造屋,从明州购买上等的木材用舟船运至郓州,当时王逵也正好退休,便作诗讽之,诗中有句:"田从汶上天生出,堂自明州地架来。"此句一出,立即广为流传,成为了名副其实的谣言。谣言传至京师被王安石听到,王安石大怒,立即让御史王子韶调查此事,结果苗振锒铛入狱,成为北宋因谣言入狱的第一人,此后又有多名官员因为谣言而获罪被罢官。

"采风"的具体方法,在《汉书·食货志》有一些说明,"孟春之月群居者将散,行人振木铎徇于路以采诗,献于大师,比其音律以闻于天子"。这是说明周朝负责采诗的人是"行人"之官。何休《公羊传注》却说:"男年六十女年五十者,官衣食之,使民间采诗。乡移于邑,邑移于国,国以闻于天子。"这是说国家为了采集歌谣还养了大批人,周人是否有一套采诗制度还是疑问。史载正式设立采风谣制度的是汉武帝。汉武帝立乐府采诗,汉人大概是据此推断周人有采诗制度。"西汉时,政府或设'风俗使'收采'风闻',或派使巡行天下,博采民谣。如汉宣帝时(公元前74~前49年)曾遣使十二人,'循行天下。存问鳏寡。览观风俗,察吏得失'(《汉书·宣帝纪》)。东汉时发展到'举谣言'方式,一般做法是:皇帝或监察官派使者深入民间采访评价地方官政绩优劣的民谣,作为朝廷考课官吏和实施监察的参考依据。如范滂,他一次就举劾了'刺史、二千石权豪之党二十余人'(《后汉书·范滂列传》)。'举谣言'的监察方式,至两晋又演变为'风闻奏事'。"(《"风闻"不是谣言》)

盛世谣言"叫魂"术

我国古代的谣言大体上呈现出"两多两少"的状况:乱世多,盛世少;王朝末期多,王朝早期少。一般而言,衰世受困于谣言,乱世离不开谣言,盛世不在乎谣言。然而身处"康乾盛世"的大清帝国,竟然脆弱得经受不起一缕"叫魂"的谣言。

深读

1768年，正值康乾盛世顶峰。清高宗爱新觉罗·弘历（1711～1799年）将年号定为"乾隆"，其寓意不言而喻：新继位的君主从上天（"乾"）得到了不可胜数的支持（"隆"），他（弘历）将以自己的全副身心（乾惕）使得父皇（雍正）留下的"丰功盛德"得以进一步发扬光大。然而，1768年春天至深秋的几个月中，一个从浙江德清县传出的有关"叫魂"妖术的传言，在短短几个月时间内便在整个帝国内传播，并且还不时触动着民族问题这根敏感的神经。这惊动了以弘历为首的各级统治阶层，为了找到事件的幕后黑手，官方发起了一场声势浩大的除妖运动，让几乎整个中华大地都被一个叫作"叫魂"的谣言所笼罩，最终几乎引发了一场严重的政治危机，这就是历史上著名的"叫魂"案。这场大恐慌少有记录，被淹没在18世纪中国欣欣向荣的宏大叙事中。著名汉学家孔飞力教授于1990年出版《叫魂——1768年中国妖术大恐慌》一书，从这起不见经传的事件入手，层层深入，梳理普通民众、官僚知识分子和最高统治者皇帝的不同反应，勾勒出清朝盛世中政治生态的阴影。

1768年初，浙江德清县县城东面城墙的水门与城桥坍塌，亟待重修，当地的县令阮知县从邻近的仁和县雇用了一位名叫吴东明的石匠。工程进行了两个多月，吴东明发现米的储备已不足以供他的一班人食用，便赶回三十里外自己的家乡——运河岸边的商业重镇塘栖采备供给。当他回到家中，一个名叫沈士良的农夫为一件蹊跷吓人的事来求他帮忙。沈士良诉苦说，自己多年来饱受两个侄子的苛刻暴戾之苦而无计可施，便决定诉诸于阴间的力量来报复他们。那个人告诉他，有的石匠会在干活时将活人的姓名写在纸片上，贴在木桩顶部，借助大锤撞击木桩带来神秘的力量诅咒那些被写下名字的人（民间称之为"叫魂"），结果是那些人因此被窃去精气，不是生病，就是死去。此刻，沈士良拿着卷着的纸片问吴东明：这东西有用吗？你们有这个法儿没有？吴东明是知道沈士良重述的那些流言的，但他更怕自己被牵扯进叫魂的罪恶勾当，立即召来了当地保正，将沈士良扭送进德清县里盘问。阮知县下令将沈士良打了二十五大板然后将其开释。

吴东明虽然证明了自己的清白并被免予处罚，然而，妖术问题给吴东明带来的麻烦却并未就此结束。人们纷纷传言在德清县修桥的过程中有人从事了"叫魂"勾当，继之而来的是各种各样的以"叫魂"为核心内容的谣言却以不可遏制的态势在浙江各地流传开来。

一个名叫计兆美的德清人，因为被叔叔疑心在外面赌钱遭受毒打后逃离家乡来到省府杭州乞讨谋生。1768年4月3日三更时分,当计兆美来到西湖边的静慈寺时,他的口音引起了当地人的恐慌,有人质问他是不是为了德清造桥的事到杭州叫魂来了。计兆美坚决否认自己是来叫魂的,在遭受一顿暴打之后,他被扭送到了当地保正家中。保正恐吓他说,再不说实话就要严刑拷打。最后,伤痕累累的计兆美不得不违心地承认说自己确实是来叫魂的,他说自己身上本有五十张纸符,但已将其中的四十八张扔进了西湖,他用剩下的两张纸符咒死了两个孩子(孩子的名字是他编出来的)。最后,计兆美被移交到了钱塘县衙。不过,由于在审理的过程中计兆美的供述破绽百出,且未能从一干人中将吴东明辨认出来,他胡编乱造的故事因而也就不攻自破。用刑后,计兆美承认他的全部故事都是出于害怕而编造出来的。

在随后几个月的时间内,吴东明的副手郭廷秀、游方僧人巨成("萧山事件")、乞丐丘永年、净庄和尚("胥口镇奇事")等人又在不同的地方被卷入到了所谓"叫魂"事件中,事件的发生地也从开始的主要集中在浙江一省开始向江苏、山东、安徽等省扩散开来。虽然这些案件后来证明都不过是捕风捉影,但大众的恐慌心理却以爆炸般的速度向全国范围内蔓延,普通老百姓的社会安全感几乎丧失殆尽。

1768年蔓延于中国东部与中部的大恐慌是以各地有关妖术的种种信念为丰富的

养料滋生而成的。从细微末节来看，地区间的情况并不相同，但各地的信念中都包含以下一些要素：在某种条件下，人的魂能够同拥有魄的躯体相分离；一个人若掌握了另一人的魂，便可以利用它的力量来为自己谋利；若要偷取别人的魂（亦称"叫魂"），可以通过施展妖术来实现，或者可以对着已从受害者身上分离出来的某种实物（例如男人的辫梢或女人的衣襟）念咒，或者可以把受害者的名字放在一根将要打入地下的桩子的上面或底下，并在打桩时念诵受害者的名字，等等。而这个"叫魂"故事中重复出现的"辫子"元素引起了统治当局新的、更大的恐慌。

对于以少数民族身份统治中国的乾隆皇帝来说，他所担忧的不仅是"叫魂"谣言引发的社会秩序的混乱，还包括在这谣言背后是否还有一个更大的阴谋——是否有人在借"叫魂"事件中频频出现的辫子问题勾起汉人的痛苦回忆进而挑起民族之间的冲突呢？这是一个事实上必须加以高度提防但在官方正式语言中又不能公开挑明的问题。

在满清征服中国的年代里，各地以抵制剃发令为中心意象出现了许多可歌可泣的抵抗运动。在很多地方社区，要让人们团结起来，与其呼吁他们去效忠已经濒临灭亡的明朝政治秩序，毋宁号召他们以抵制剃光前额来表现出捍卫自身文化尊严的决心。在谣言传播的最初几个星期内,无论是乾隆皇帝还是地方各级官僚都倾向于将剪辫案作为普通刑事案件处理,但随着谣言传播范围的日益扩大,这个既无实际伤害,又无政治企图的流言,却触发了乾隆的敏感神经。随着事态的发展,乾隆皇帝最终确信了自己的判断,他一口咬定妖术背后存在政治风险,决定全力开动官僚机器,对日益猖獗的妖术传言发起大规模的反击。于是,一场全国性的除妖运动开始了。

到了10月底,历时3个月的除妖运动已经使官僚系统疲于奔命。虽然乾隆本人表面上仍然要求各省不得懈怠,但其内心其实也对能否最终抓获妖首产生了怀疑。洞悉皇帝心理的军机大臣趁机建议停止这场冤案百出的除妖闹剧,不过为了给处境尴尬的乾隆皇帝一个台阶下,军机处在发给各省的廷寄中将迟迟未能抓获主犯的责任归结为地方官员玩忽职守,对朝廷迭降谕旨敷衍塞责。11月初,官方叫停了对叫魂妖党的大规模清剿运动,但同时要求各省对事态发展保持高度警惕,不可掉以轻心。

叫魂的谣言本身精美得玲珑剔透,就像一个幽灵,以至于让接触到它的人们都爱不释手并且或出于炫耀或出于慷慨的与他人分享,它出自普通民众对现实沮丧、对未来感到惶恐不安,却在那个镀金的盛世,在君主专制制度下,君主、官僚与民众共同导演了这场闹剧,闹剧看似简单,实则深邃,看似荒唐,实则必然。这场发生在200多年前的除妖运动向我们展示,谣言有的时候竟然在相当程度上是社会"自发"的产物,既非故意亦非谋划。

对谣言,古人主张"听言不可不察,不察则善不善不分,善不善不分乱莫大焉"。认为"功先名,事先功,言先事。不知事,恶能听言?不知情,恶能当言?其与人谷言也,其有辩乎?其无辩乎?"

法国学者让·诺埃尔·卡普费雷在他所著《谣言:世界最古老的传媒》一书中指出,当人们希望了解某事而得不到官方答复时,谣言便甚嚣尘上。这是信息的黑市。他从精神分析角度阐释道:谣言可以被看作是精神癌症。卡普费雷独到地认为,谣言是对权威的返还。它揭露秘密,提出假设,迫使当局开口,并对当局作为唯一权威性消息来源的地位提出异议。谣言是一种反权力。更刁钻的是,他还认为,当谣言揭露了人们丝毫未产生怀疑的某个事实和某些隐藏的真相,从而增加了政权的透明度。他还从人性角度分析道,传谣者推心置腹地吐露隐情,与人分享秘密,在交易中显得十分伟大,他表现出像一个掌握了珍贵知识的人,一个启示者,在谣言的接收者那里,他的形象增添了无数光辉。卡普费雷也给出了谣言的结局:谣言的迅疾,来自信息本身价值的不可避免的逐步贬值。

恶者播弄谣言，愚者享受谣言，勇者击退谣言，智者阻止谣言，仁者消解谣言。谣言止于智者，当全民皆为智者的时候，"辟言乃信"。

参考书目：

1. [法]让·诺埃尔·卡普费雷；郑若麟译. 谣言：世界最古老的传媒[M]. 上海人民出版社. 2008.

2. 苏萍. 谣言与近代教案[M]. 上海：上海远东出版社. 2001.

3. [美]孔飞力；陈兼译. 叫魂：1768年中国妖术大恐慌[M]. 北京：生活·读书·新知三联书店. 1999.

编辑：齐庆涛

"控谣"十国谈

文／高查

> 网络谣言管控既不能全盘扼杀也不能放任自流，应该在捍卫言论自由和保障个人隐私权之间建立平衡。

为防止网络谣言的滋生和蔓延，各国普遍建立了相对健全的网络信息管控体系，其成功经验带给我们一些有益的启示。

美国：网络监管不能全盘扼杀

2010年5月7日，美国皮尤研究中心发布的一项调查表明，有32%的美国青少年曾经有过被人在网上散播谣言、未经允许公布私人电子邮件、收到威胁性信息、未经允许上载令人难堪照片等欺凌和骚扰的经历。由于受关注度高、牵扯利益多等原因，公众人物更加容易成为网络谣言的受害者。据美国民间组织"事实核查"网站统计，自2008年3月到2012年3月，至少有30段关于美国总统奥巴马的不实消息经由网络等途径传播，其中最广为人知的一段声称"奥巴马并非美国公民，无资格竞选总统"。对此,奥巴马的竞选团队不得不公布了他的出生证明材料。

对于如何管控网络谣言,美国乔治·华盛顿大学法学教授丹尼尔·索洛夫指出,为适应新的形势,应该有法律有必要也有空间在捍卫言论自由和保障个人隐私权的两难境地中找到新的平衡,而网络监管既不能全盘扼杀也不能放任自流。为有效管理互联网,美国国会及政府各部门先后通过了《电脑犯罪法》《通讯正当行为法》等约130项相关法律法规,对包括谣言在内的网络传播内容加以规制。2012年1月1日,美国加利福尼亚州正式生效的一项新法规定,校方有权将有利用互联网散布谣言等"欺凌行为"的学生予以停学或开除。此外,一批号称"自律"的"辟谣网站"纷纷诞生。它们有的不乏政治背景,有的自称民间独立团体,主要功能都是针对广为流传的不实消息向网民进行澄清。美国政府还一直倡导有关互联网行为的道德标准——著名的"摩西十诫"(The Ten Commandments for Computer Ethics),就是由美国计算机伦理协会制定的关于计算机道德的十条戒律,这十条戒律通常被认为是网民在进行网络活动时应该引以为戒的不成文的行为规范。其中不能用计算机危害其他人(第一条)、不能利用计算机做伪证(第五条)都包含了防范网络谣言的意思。

俄罗斯：加强网络交流澄清真相

俄国领导人重视通过网络与网民沟通交流，加强政府在网络中的存在和影响，拉近政府与网民间的距离，利用网络澄清事实真相，争夺新兴媒体的主导权。前总统梅德韦杰夫经常通过微博发布信息，听取网民意见和建议，其微博在网民中大受欢迎，交流点击量一直都高居榜首。2011年国家杜马选举结束后，反对派利用新兴媒体大肆传播谣言，称此次选举"存在大量舞弊事件"，是"肮脏和不可接受的"。针对反对派利用新兴媒体大肆造谣的情况，俄政府没有坐等谣言"不攻自破"，而是积极利用新兴媒体进行反击，在新兴媒体上与反对派争夺主导权。统俄党在"脸谱"上成立了"支持诚实选举小组"，通过对反对派所谓"证据"进行专业分析，向网民证明这些"证据"均系伪造，从而在众多俄网民中重新树立了选举诚实与合法的形象。梅德韦杰夫在"脸谱"上发表看法，强调民众依法拥有言论和集会的自由，允诺彻底调查选举中存在的舞弊事件。此番言论在网络上引起强烈反响，一天之内点击量就超过百万，跟帖量过两万。普京也曾表示，"必须加强国家在网络中的存在和影响"，因为管控互联网在技术上是非常复杂的，要想完全限制网络几乎是不可能的。互联网为所有人提供了一个自由的平台，"如果当权者或别的什么人不喜欢互联网上发生的一切，只有一个方法，就是在网络上提出其他解决问题的办法，以吸引更多支持者"。

随着社交网站等新兴媒体的迅速普及，包括散布谣言等在内的网络犯罪案件急剧增加，俄政府已开始着手制定专门的法律加以规范，以完善国家信息安全法律体系，依法治理网络谣言。俄罗斯形成了一套较为完整的信息安全法律体系。该体系以国家宪法为依据，以《信息、信息技术和信息保护法》为基础，《俄联邦国家安全构想》《俄联邦信息安全学说》和《2020年前国家安全战略》为政策指导和理论依托，以具体法律规范为立法支撑，以专业机构和地方政府的措施为补充。2010年底，俄国家杜马通过了《保护青少年免受对其健康和发展有害的信息干扰法》。根据该法，俄司法机关开始对互联网站进行分级，并要求俄境内所有网吧从2011年9月1日起强制安装旨在防止未成年人接触有害信息的过滤系统，同时建议有孩子的家庭也安装该系统。此外，政府还号召家长在日常生活中对青少年进行正确的教育引导，培养和加强他们辨别是非的能力。

英国：倡导和推行网络行业自律

英国将管控谣言作为社会危机管理的一部分，在各个社区设立了公民咨询局，主要职责就是向民众答疑解惑，对社会问题正本清源。公民咨询局主要由一些来自不同领域、具有专业知识的志愿者组成，是政府设立的免费提供法律咨询的机构，该机构与政府、议会等方面有密切联系，所提供信息具有一定权威性。英国的实践证明，谣言控制中心或咨询中心在社会动荡、自然灾害等危机时刻能及时把真实信息传播出去，从而达到社区和谐、社会稳定的作用，在网络谣言治理方面有着举足轻重的地位。在一些特殊历史时期，为确保社会稳定，北爱尔兰还曾发动过"反谣言、反恐吓"运动。

大力倡导和推行网络行业自律是英国规范互联网信息发布的一个主要特色。英国在1996年成立了互联网监视基金会（Internet Watch Foundation），是政府倡导下由英国的网络中介服务提供商们自发设立的一个行业自律组织，以实现互联网行业的自我管制和自我保护。这一行业自律组织的工作一是开通网络热线，接待公众投诉；二是制定并落实《行业规则》。也就是由英国网络服务商协会所制定的"3R网络安全协议"，这是英国互联网行业间的法律；三是通过内容分类标注技术，鼓励用户自行选择需要的网络内容；四是进行网络安全教育。

法国：辟谣网站让谣言销声匿迹

通过反谣言网站辟谣，是法国管控网络谣言的最大特色。针对各种谣言，法国一些网民和记者自发成立了"停止传谣"等辟谣网站。该网站的主页上写着："本网旨在利用网络提供真实信息，替代那些口耳相传的虚假信息。"自1997年开始，法国的反谣言网站数量激增。法国第一大反谣言法语网站成立于2000年，至2010年，其月均访问量已达到70万，在法国各网站中位居前30名。该网站的宗旨是"结束法语网站内流传的谣言"，它保持独立，工作不计酬，完全靠广告收入和私人捐助运营。网站欢迎网民主动提供反谣言线索，还设置了论坛讨论某个信息是否为谣言。在法国，还有专门的谣言搜索网站，输入关键词就可查询到与谣言内容相关的信息。

2010年，网上流传说埃菲尔铁塔旁的法国气象台原办公大楼将被卖给沙特阿拉伯，铁塔旁将建清真寺。反谣言网站随后辟谣指出，该大楼卖给了俄罗斯政府。2011年9月30日，法国各地数百名中学生冲上街头，抗议教育部门取消一个月的假期。法国教育部门表示从没有这样的决定。原来只是教育部会议上，曾有人提出将学校假期缩短15天，结果被讹传并导致抗议活动。2012年法国大选前夕，一些极右翼网站又散布谣言说，埃菲尔铁塔第一层正在装修，是为了建清真寺。反谣言网站立即引用铁塔运营公司对外交流部负责人对装修用途的解释，指出这完全是无稽之谈。反谣言网站的出现，使很多网络谣言在出现后的很短时间内便销声匿迹。

墨西哥：立法法办造谣者

2012 年，墨西哥东部韦拉克鲁斯州，有人通过推特散布谣言称："武装分子冲入小学，强行带走数名小学生。"这个假消息在网上迅速流传。惊慌失措的家长冲到学校寻找自己的孩子，当地警局的电话被打爆，交通也一度瘫痪。接到报警后，州教育局长以及警察分别乘坐几架直升机赶往"出事"学校，直升机的轰鸣声却吓坏了正在上课的老师和学生。韦拉克鲁斯州秘书长赫拉尔多·布甘扎说，在当天的混乱中，"一共发生 26 起交通事故，有人竟然将车丢在马路中央就跑了，而一些学生家长随意停车也阻碍了救援车辆"。

这是墨西哥迄今为止网络谣言制造的最大混乱。当天上午，韦拉克鲁斯州长哈维尔·杜阿尔特在自己的推特中辟谣澄清事实，并谴责肇事者利用现代通信工具从事恐怖活动。两名谣言传播者也在当天被捉拿归案，随后该州司法部门以恐怖主义和蓄意破坏等罪名正式对他们提起了诉讼。韦拉克鲁斯州的"武装分子劫持学生"

事件发生后，州议会通过了《动乱法》，该法规定，制造网络谣言扰乱社会秩序的行为属犯罪行为，处以1～4年监禁和500～1000天薪金的罚款。此后，联邦政府和其他各州也纷纷出台相应法律，对网络造谣者加以震慑。联邦政府的法律规定，对引发社会秩序混乱的网络造谣者处以最高6年的刑罚以及最低300天薪金的罚款。

鉴于网络谣言对社会的危害性越来越大，墨西哥政府还决定赋予网络警察部队新的职能：搜索、屏蔽网络谣言，追踪造谣者——力求将谣言造成的危害度降至最低。

印度：立法监控双管齐下

2008年孟买连环恐怖袭击事件发生后，印度对相关法律作出修订，规定对在网上散布虚假、欺诈信息的个人最高可判处3年有期徒刑，对故意利用计算机技术、破坏国家安全或对人民实施恐怖主义行为者，可判处有期徒刑直至终身监禁。2010年9月起，印度政府为维护国家安全，要求对黑莓邮件、即时通讯等通讯软件，以及脸谱和推特等社交网络平台进行监控，并多次要求上述网络运营商协助政府删除涉嫌违法网络内容。

西班牙:"抵制谣言代理人"专职控谣

西班牙巴塞罗那市政府设立了"抵制谣言代理人"岗位,招募和培训工作人员,专门从事破除谣言和向社区邻里传播真相的工作。公民在日常生活或旅行途中遇到谣言,也有即时辨析的途径。例如,有人抱怨"当前享受公寓补助的都是外国移民"时,抵制谣言代理人迅速加以澄清:"今天收到公寓补助的人中,外国移民比例为1/20。"

韩国:《电子通讯基本法》严惩造谣者

2008年12月底,国际金融危机爆发后,韩国一普通公司职员朴大成在网上发布消息称,韩国各大金融机构发布紧急命令,禁止企业买入美元,以避免韩元过度贬值。韩国股市、汇市一片恐慌。韩国各大金融机构纷纷表示,该消息为虚假消息,检方随后起诉了朴大成。

目前,韩国《电子通讯基本法》规定,以危害公共利益为目的,利用电子通讯设备公然散播虚假信息的人,将被处以5年以下有期徒刑,并缴纳5000万韩元(折合人民币约28万元)以下罚款。

澳大利亚：互联网法规管控谣言

澳大利亚是世界上最早对互联网进行完善管理的国家之一，澳大利亚制定了互联网管理法律法规，如《广播服务法》《反垃圾邮件法》《互联网内容法规》和《电子营销行业规定》等都为互联网管理提供了法律依据。而打击、防范谣言则是其依法进行互联网管理的重点内容之一。澳大利亚对网络管理的法规是由政府、行业和受众代表共同制定，并且澳大利亚网络服务提供商与政府传播和媒体管理局签署协议，保证不传播谣言、垃圾邮件等。传播和媒体管理局还向网络服务商提供过滤软件，以保证协议的有效执行。

德国：《多媒体法》完善互联网管控

德国联邦议会通过了世界上第一部《多媒体法》，涉及互联网的方方面面，从互联网服务提供商的责任、保护个人隐私、数字签名、网络犯罪到保护未成年人，等等。保障信息的公开性，给互联网营造了相对宽松的环境。

编辑：齐庆涛

据氏家族：谣言的灯塔

文／高杳

> 我们拥有据氏家族这盏灯塔，所以不会被真相击垮。（谣言说）

据云

据氏家族的老祖宗。

据云先生，字道听，号途说，又号胡说大侠。时代与生平不详，现今只知他是多部古籍和资料的占有者。

据闻

最灵敏的人物，比猎犬还厉害。

据闻是全世界鼻子最灵敏的人，它可以用鼻子闻到任何消息来源，再透过大脑来传递将闻到的东西写出来，有高达八成记者的鼻子具有此能力。

据传

天下第一说书人,通晓古今中外一切无人知晓的诡秘妙闻。

据传原本是国立遭殃大学的水电工,从小立志好学,经常蹲在教室窗外吸收日月精华,后因凿壁借光事件,被学校以破坏公物为由资遣,随后凭借天赋异禀与生花妙嘴,经营喂唬烂胡说八道电台,一炮而红(据传这一炮是跟据透露一起打三天三夜才出来的),专事提供一切无法举证、没有来源、毫无根据的市井传说,给记者媒体。

据报

世上最隐秘的一张报纸。

大家都以为据报是一个人,其实错了,"它"真真确确、其其实实就是一张报纸。更精确地说,是一张据氏家族用来传递消息、走漏风声用的纸条。传说中,谁只要得到据报,腥闻功力可以爆涨一甲子,收视率勃然而起七七四十九天。

据信

据信是据氏家族的祖先向后代所写的信。

此信的内容，有人认为含有先人利用甲骨文占卜所得的预言，因此常被引用作解释一些不可知的事。但是有据氏家族成员澄清，据信纯粹是一张族谱，方便据氏的仇家问候老祖宗，要读此信得要以大火快煮七七四十九天，才能把信中的字煮出来。

据悉

据悉是动物界的天王。

通晓古今中外所有已发生甚至未发生（可能永远不会亦不可能发生）的事，准确度高达八成。

据说

比拟三姑六婆，能放出最多消息的狠角色。

据说是坊间口耳相传最好的良伴，常常有人喜欢用据说来说明消息的一切，连谣言都比不过据说，因为"谣言止于智者"，而据说却能让智者上当。

据称

令人尊敬的称号。

如果称谓可以代表一个人的话，据称也可以算是最贴切最有礼貌的称呼了，某些乖乖牌的媒体不会用据说、据报或据了解等词，但据称却始终能在版面上占有一席之地且屹立不摇，可见据称有多么让人着迷了。

据古人

史上第一位记者，来无影，去无踪，疾如影，能够一次同时报道二十四篇新闻的超人。

据古人的地位是后世所无比推崇和赞赏的，因为所有国家或文明的历史完完全全是据古人一个人所创造出来的功劳。史上所有的古人谓其实完全出自他的手笔。有传据古人现时仍然在生，但是为何其著作至少近百年后才流传于世，仍然是一个谜。

据了解

分身无数，全中国最红的人。

每天各家报纸头条都会出现的男人，亦拥有全国最详尽的情报网，上知天文下知地理，各式各样小道消息全部都在掌握之中。但这样有影响力的人为何天天抛头露面，据了解他十分好赌，听信记者提供的明牌又经常赌输，害他赌气又赌烂才不得已出来工作。

据透露

和各方都有一腿，特征是敢露象腿秀鼻毛。

原本是据了解的妻子，但是据了解总是在外花天酒地毫不顾家，两人就恩断义绝。一天可以改嫁无数次的女人，可能早上嫁给 KMT 高层，中午就嫁给 DPP 高层，下午嫁给府方人士，晚上嫁给不具名的爆料者。据透露也拥有详尽的情报网，但是她总是拿到据了解的消息八卦，据透露是她在床笫之间套出来的情报，也许她的真实身份是当局培养的专业情报员？这只有记者才知道了。

据指出

自立自强，据氏一族的中出明日之星？

本来是据透露身旁的拖油瓶，有的时候会跟着据透露改嫁而改姓。虽然活跃程度远不如父母，但他却像柯南那样总是能在大人身边看穿事情的真相，据指出往往讲出重点，不像据了解说得琐碎，也不像据透露那般八卦。对照据了解和据透露两人不名誉的行径，据指出成为据氏家族的希望。不过，麻醉针到底是他射记者还是记者射他，据指出并没有说明。

深读

据友人介绍

名字特别长，为家族中混了日本血统的旁系子孙。

交游广阔，特别喜欢到处听朋友说故事，因此累积了非常多的小知识和民间传说，大至哪个城市的食物最便宜好吃，小到蜻蜓低飞和放屁次数多寡的关系，都能够以友人传递的宝贵讯息来加以解答。

据估计

估算专家，所有你想得到的领域都可以估计出来。

从镉污染造成财产损失估计，到每年家暴长期目睹儿数估算，乃至有上升学补习班的人数，不管是何种估算、估计，他就是有办法给你编造出来。据估计正在估计你在估计什么。

据统计

数学神童，专精于统计学，各大媒体的新宠儿。

据氏家族的数学天才，才十岁就已经拿到统计学博士，擅长于各项事物的统计与分析。不仅各大媒体争相请他进行各项民调，连政府机关也高薪聘请其担任顾问。据统计发表的各项数据就是权威，不容置疑。

据研究

凡事实事求是，喜爱研究各式奇特原理的上进青年人。

据氏家族的资深研究生，拥有东大幼儿园、板擦高中、皇仁书院等惊人学历，因此他发表的论文或论点没有一个不得诺贝尔奖的，也没有人会不认同他的研究。

据发现

知道所有世界上最新最快的新发现的强者。

据研究的双胞胎哥哥，其发现无人不知无人不晓，但不具实用性，因此常成为各大政客的吐槽对象。

据分析

推理判断力远比职业分析师要强的厉害年轻人。记者手中的利器。

据氏家族中的通才，从政治、军事一路到经济、社会，乃至文化学术议题，皆能有套自己的论点，连爱因斯坦和李家同等通才型人物都要甘拜下风。

据推测

算命界第一流的强者,记者手上的最后一张王牌。

据氏家族中的不世英才,世界上最准的算命师,其口出之言无不灵验,因此媒体喜欢报道他的预言,再借此大捞一笔,引导舆论话题以满足成就感。

据观察

神出鬼没的侦查兵,号称为 Dororo 前辈。

目前还找不出其下落与资料!

近亲:某氏家族

某高层

某高层通常是整个政府体系上下知道最多内幕秘辛的人士,不管任何层级、任何部会单位,某高层都能把连当事人都不知道的事描述得淋漓尽致,满足读者观众偷窥的权利。

某位民众

某位民众对各大媒体而言通常代表着全国小老百姓的心声，因此都会争相报道某位民众的意见。

但某位民众性格多变，他的言论会有一百八十度的大转变。

某学生

常出现于各大学校，只要有任何学校的新闻，就会出现类似仿佛可以代表全世界的某学生，因为想红而出面发表脑残言论。

实际上，这类被硬挤出来的言论，高达八成和一般学生心中的想法相差十万八千里。

近亲：不氏家族

不具名人士

于各大报章杂志、畅销书推荐、网络论坛之社论或批评专区皆可见其踪迹，上知天文、下通地理，堪称当世最博学多闻之人。

其所发评论以伪公正伪客观闻名，且拥有为善不欲人知的谦虚情怀，这位不具名人士究竟是何方神圣？还有待相关单位的调查。

不方便

又称不便，全世界最具权威的人。当一个官员被大批记者团团包围时说"不便发表意见"或"不方便透露"，意思是他跟不方便有关系，记者就不会继续追问了。

不愿意

跟不方便一样，是全世界最具权威的人。

近亲：人字辈

没有人或没人

没有人做的事通常都不被接纳，因此记者经常借用没有人来试图扭转读者的立场。

有人

权威。有人说的事要相信，有人做的事要仿效。

一般人

全世界超过八成都跟一般人有关系。

因为能力普通,记者常以此人做比较,没有人会唱反调。

有心人

有心人、有心人士,是最会陷害别人的强者,但因为他太坏了,所以没有人抓得到他!

何许人或什么人

是谁的本名。

当你忘记谁是谁的时候,就可以称呼他何许人或什么人来搪塞过去。

另一方面来说,当你不知谁是何许人的时候,我们称他为先生,因为"先生不知何许人也"。

好人

有正义感,常拔枪(误)刀相助,是雌性生物的最佳拍档,随唤随到,其"要当好人,必先耍宅"为好人出现时必呼口号。

坏人

概因好人普遍智商过低，但为求自我安慰而对其十分忌妒与敌视，故常以好人之相反词汇"坏人"称之。

平凡人

藏身于万千乡民之中，低调到让你几乎发现不到他的存在。

编辑：齐庆涛

历史话题

联合国宪章
双十协定

联合国宪章

联合国宪章

签署生效时间：

1945年10月24日

宪章简介：

　　《联合国宪章》是联合国的基本大法，它既确立了联合国的宗旨、原则和组织机构设置，又规定了成员国的责任、权利和义务，以及处理国际关系、维护世界和平与安全的基本原则和方法。遵守《联合国宪章》、维护联合国威信，是每个成员国不可推脱的责任。联合国宪章是1945年6月26日联合国国际组织会议结束时在美国旧金山签字的，于1945年10月24日生效。为了表扬中国长期抗战的功劳，中国代表蒋中正在联合国宪章上第一个签字，美国代表则是最后一个签字。《联合国宪章》作为联合国组织的总章程，除序言和结语外，共分19章111条。1947年10月，联合国大会把每年10月24日定为"联合国日"。

宪章摘要：

序言

我联合国人民同兹决心

欲免后世再遭今代人类两度身历惨不堪言之战祸,

重申基本人权,人格尊严与价值,以及男女与大小各国平等权利之信念,

创造适当环境,俾克维持正义,尊重由条约与国际法其他渊源而起之义务,久而弗懈,

促成大自由中之社会进步及较善之民生,

并为达此目的

力行容恕,彼此以善邻之道,和睦相处,

集中力量,以维持国际和平及安全,

接受原则,确立方法,以保证非为公共利益,不得使用武力,

运用国际机构,以促成全球人民经济及社会之进展,

用是发愤立志,务当同心协力,以竟厥功。

爰由我各本国政府,经齐集金山市之代表各将所奉全权证书,互相校阅,均属妥善,

议定本联合国宪章,并设立国际组织,定名联合国。

第一章

第一条

维持国际和平及安全,并为此目的:

采取有效集体办法,以防止且消除对于和平之威胁,制止侵略行为或其他和平之破坏;并以和平方法且依正义及国际法之原则,调整或解决足以破坏和平之国际争端或情势。

发展国际间以尊重人民平等权利及自决原则为根据之友好关系,并采取其他适当办法,以增强普遍和平。

促成国际合作,以解决国际间属于经济、社会、文化及人类福利性质之国际问题,且不分种族、性别、语言或宗教,增进并激励对于全体人类之人权及基本自由之尊重。

构成一协调各国行动之中心,以达成上述共同目的。

第二条

为求实现第一条所述各宗旨起见,本组织及其会员国应遵行下列原则:

本组织系基于各会员国主权平等之原则。

各会员国应一秉善意,履行其依本宪章所担负之义务,以保证全体会员国由加入本组织而发生之权益。

各会员国应以和平方法解决其国际争端，俾免危及国际和平、安全及正义。

各会员国在其国际关系上不得使用威胁或武力，或以与联合国宗旨不符之任何其他方法，侵害任何会员国或国家之领土完整或政治独立。

各会员国对于联合国依本宪章规定而采取之行动，应尽力予以协助，联合国对于任何国家正在采取防止或执行行动时，各会员国对该国不得给予协助。

本组织在维持国际和平及安全之必要范围内，应保证非联合国会员国遵行上述原则。

本宪章所规定的内容皆无法授权联合国干涉在本质上属于任何国家国内管辖之事件，且不得要求成员国将此类事件提交本宪章所规定的争端解决机制；但此项原则不妨碍第七章内执行办法之适用。

第二章

第三条

凡曾经参加金山联合国国际组织会议或前此曾签字于一九四二年一月一日联合

国宣言之国家，签订本宪章，且依宪章第一百一十条规定而予以批准者，均为联合国之创始会员国。

第四条

凡其他爱好和平之国家，接受本宪章所载之义务，经本组织认为确能并愿意履行该项义务者，得为联合国会员国。

准许上述国家为联合国会员国，将由大会经安全理事会之推荐以决议行之。

第五条

联合国会员国，业经安全理事会对其采取防止或执行行动者，大会经安全理事会之建议，得停止其会员权利及特权之行使。此项权利及特权之行使，得由安全理事会恢复之。

第六条

联合国之会员国中，有屡次违犯本宪章所载之原则者，大会经安全理事会之建议，得将其由本组织除名。

第三章

第七条

兹设联合国之主要机关如下：大会、安全理事会、经济及社会理事会、托管理事会、国际法院及秘书处。

联合国得依本宪章设立认为必需之辅助机关。

编辑：齐庆涛

双十协定

历史活页
071

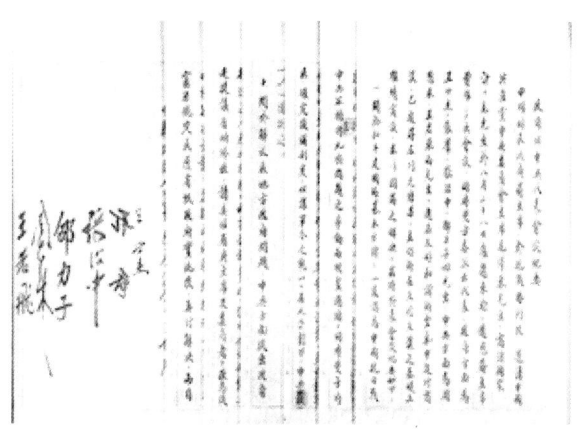

双十协定手稿

签订时间：

1945 年 10 月 10 日

协定简介：

《双十协定》，全称《政府与中共代表会谈纪要》，是一个旨在结束国共分裂局面，建立民主政权而发表的会谈纪要。《双十协定》仅是一个国共意向书，并未涉及实质问题，解决具体问题，未能改变分裂局面，但它是国共谈判的意向书，为几个月后召开的政治协商会议作出了铺垫。

内容全文：

中国国民政府蒋主席于抗战胜利后，邀请中国共产党中央委员会主席毛泽东先生，商讨国家大计。毛先生于8月28日应邀来渝，进见蒋主席，曾作多次会谈；同时双方各派出代表，政府方面为王世杰、张群、张治中、邵力子四先生，中共方面为周恩来、王若飞两先生，迭在友好和谐的空气中，进行商谈。已获得下列之结果，并仍将在互信互让之基础上，继续商谈，求得圆满之解决。兹特发表会谈纪要如下：

（一）关于和平建国的基本方针：一致认为中国抗日战争业已胜利结束，和平建国的新阶段即将开始，必须共同努力，以和平民主团结为第一基础，并在蒋主席领导之下，长期合作，避免内战，建设独立自由和平之新中国，实行三民主义。双方又同认蒋主席所倡导之政治民主化，军队国家化，及党派平等合作，为达成和平建国必由之途径。

（二）关于政治民主化问题：一致认为应迅速结束训政，实施宪政，并先采必要之步骤，由国民政府召开政治协商会议，邀集各党派代表及社会贤达，协商国是，讨论和平建国方案，及召开国民大会各项问题。现双方正与各方洽商政治协商会议名额组织及其职权等项问题，双方同意一俟洽商完毕，政治协商会议即应迅速召开。

（三）关于国民大会问题：中共方面提出重选国民大会代表，延缓国民大会召开日期,及修改国民大会组织选举法,和五五宪法草案等三项主张。政府方面表示国民大会已选出之代表应为有效,其名额可使合理增加,和合法的解决,五五宪法草案,原曾发动各界研讨,贡献修改意见。因此双方同意成立协议。但中共方面声明,中共不愿见因此项问题之争论而破坏团结,同时双方均同意将此问题,提交政治协商会议解决。

(四)关于人民自由问题:一致认为政府保证人民享受一切民主,国家人民在平时应享受全部信仰言论出版集会结社之自由。现行法令,当依此原则分别予以废止或修正。

(五)关于党派合法问题:中共方面提出政府应承认国民党、共产党及一切党派皆有平等合法地位。政府方面表示各党派在法律之前平等,本为宪政常轨,今可即行承认。

(六)关于特务机关问题:双方同意政府应严禁司法和警察以外机关有拘捕审讯人民之权。

(七)关于释放政治犯问题:中共方面提出除汉奸以外之政治犯,政府应一律释放。政府方面表示:政府准备自动办理,中共可将应释放之人提出名单。

(八)关于地方自治问题:双方同意应积极推行地方自治,实行由下而上的普选,惟政府希望不以影响国民大会之召开。

（九）关于军队国家化问题：中共方面提出政府应公平合理地整编全国军队，确定分期实施计划，应重划军区，确定征补制度，以维军令之统一。在此计划下，中共愿将其所领导的抗日军队，由现有数目缩编为24个师，并表示迅速将其所领导下散布在广东、浙江、苏南、皖南、皖中、湖南、湖北、河南（豫北不在内）各地之部队，由上述地区，逐次撤退，应整编的军队调至陇海路以北及苏北皖北的解放区集中。

政府方面表示，全国整编计划，正在进行，此次提出商谈之各项问题，果能全盘解决，则中共所领导的抗日军队缩编为20个师的数目，可由中共方面提出方案。中共方面提出中共及地方军人应参加军事委员会及其各部的工作，政府应保障人事制度，任用部队人员为各级官佐，缩编军官佐、应实行分区训练，设立公平合理的补编制度，并确定政治教育计划。

政府方面表示所提各项，均无问题，亦愿商谈详细办法。中共方面提出解放区民兵，应一律编为地方自卫队。政府方面表示，自能视地方情势有必要与可能时，酌量编制。为讨论计划上述各问题起见，双方同意组织三人小组，（军令部军政部及第十八集团军）各派一人进行之。

（十）关于解放区政府问题：中共方面提出政府应承认解放区各级政府的合法地位。政府方面表示，解放区名词，在日本无条件投降以后，应成为过去，全国政令，必须统一。中共方面开始提出三个方案,为依照现在十八个解放区的情形,重划省区和行政区,并即以原由民选之各级地方政府名单,呈请中央加委,以维政令之统一。政府方面表示,重划省区变动太大,必须通盘筹划,非短时间所能决定。同时政府方面表示：依据蒋主席曾向毛先生表示,在全国军令统一之后,中央可考虑中共推荐之行政人选；收复区内原有抗战行政工作人员,政府可依其工作能力与成绩,酌量使其继续为地方服务,不因为党派关系,而有所差别。于是中共方面,提出第二解决方案,请中央于陕、甘、宁边区,及热、察、山西、山东、河北5省,委任中共推选之人为省府主席及委员；于绥远、河南、江苏、安徽、湖北、广东等6省,委任中共推选之人为省府副主席及委员（因以上11省或有广大解放区或有部分解放区）；于北平、天津、青岛、上海4市,得委任中共推选之人为副市长。于东北委中共推选之人参加行政。此事讨论多次后,中共方面对上述提议所列推选省府主席及委员者,改为陕、甘、宁边区及热、察、冀、鲁4省,请推选省府副主席及委员者,改为晋、绥两省。政府方面表示中共对于其抗战军事著有劳绩,且在政府具有能力之同志,可提请政府决定任用之。倘要由中共推荐某某省主席及委员,某某省副主席等,则即非真诚做到军令之统一。于是中共方面表示可放弃第二种主张,改提第三种解决方案,由解放区各级民选政府重行举行人民普选,在政治协商会议派员监督之下，欢迎各党派各界人士选贤参加举办。凡一县有过半数区乡已举行人民普选，实行民选者，即举行县级民选，一省或一行政区有过半数县，已实行民选者，即举行省级行政区级民选，选出之省区县级政府，一律呈请中央加委，以谋政令之统一。政府方面表示，此省区加委方式，乃非谋政令之统一，惟县级民选加委，可以考虑，而省级民选，须待宪法颁布，省的地位确定以后，方可实施，目前只能由中央任命之省政府，前往各地接管行政，俾即恢复常态。中共方面提出第四种解决方案，各解放区，暂维现状不变，留待宪法规定之民选省级政府实施后，再行解决，而目前则规定临时办法，以保证和平秩序之恢复。同时中共方面认为可将此项问题，提交政治协商会议解决。政府方面，则以政令统一必须提前实现，此项问题之悬而不决，虑为和平建设之障碍，仍盼能商得具体解决方案。中共方面亦同意继续商谈。

（十一）关于奸伪问题：中共方面提出严惩汉奸，解散伪军。政府方面表示，此在原则上自无问题，惟惩治汉奸，要依法律行之，解散伪军，亦须妥慎办理，以免影响当地安宁。

（十二）关于受降问题：中共方面提出，重划受降地区，参加受降工作。政府方面表示：参加受降工作，在已接受中央命令之后，自可考虑。

编辑：齐庆涛

- "二战"同盟国的初期溃败
- 外蒙独立史（一）

深读 ❷ 异化古谣言

"二战"同盟国的初期溃败

文/华一

希特勒的条件在6月20日送交给法国代表——在贡比涅森林中的同一辆火车内，即1918年德国签署休战协定的旧地。德军仍继续前进，到22日法国才接受德国的条件。在与意大利也安排休战之后，6月25日上午1点35分休战正式生效。

在轴心国的军事力量排行中，德国要在首位。"二战"爆发初期，德国动员了98个师，其中52个为常备师，包括6个师的奥国人在内。其余的46个师中，只有10个师可在动员后即能作战。即便如此，这些部队中大部分人员又都是仅只服役约一个月的新兵。其他的36个师则主要是由第一次世界大战的老兵所组成的，他们的年龄都已经超过40岁，对于近现代化的兵器和战术几乎是毫无所知。这些老兵也非常缺乏炮兵以及其他的兵器。德军当时没有重坦克，只有少量的中型坦克。德军在西线总共投入2439辆坦克，其中包括1型坦克523辆，2型坦克955辆，3型坦克349辆，4型坦克278辆，捷克38t坦克334辆。也就是说，当时其中3/4的德军坦克是过时的微型和轻型坦克，在战斗效能上也跟英、法装备的主战坦克差距明显。

但是即使这样比较弱势的军事力量，战争初期德国仍获得了暂时性的胜利。而同盟国屡屡受挫。

比利时、法国相继败亡，即使军事、经济综合力量排名第一的美国，在珍珠港遭到日本的偷袭后，也造成严重损失。

法国　43天被亡国

德国入侵波兰后，英、法对德国宣战。德国绕过法国的马其诺防线侵入法国。在第一次世界大战中胜利的法国，这次没有那么幸运，即使有强大军事力量、同盟国支持、丰富的作战经验，但以"闪电战"闻名的德军，用一个月的时间击败了法国。

法国的军队力量体现在陆军上，丘吉尔在1938年4月14日曾经形容它是"欧洲训练最完善和机动最可靠的兵力"。法国所动员的人力相当于110个师，其中常备师不少于65个，包括5个骑兵师、2个机械化师和1个常在编组中的装甲师，剩下的都是步兵师。所拥有的坦克要比德国人在开战时已经建造的全部数量还多，其中许多都比德国的坦克体型大、装甲厚。

德军对西方的侵入，由空降部队所组成的矛头吸引了联军方面的全部注意力，使它们在几天之内都没有注意到德军的主力。主力部队从中央通过阿登森林的丘陵

二战德国铁蹄踏入法国首都

地区，直驱法国的心脏。1940年5月10日，德军按照"曼施泰因方案"准备突破西方的防线。德国空军同时猛烈轰炸荷兰、比利时、卢森堡和法国北部的72个机场，空降部队迅速夺取桥梁和要塞，这时，德国7个装甲师从阿登山口分3路纵队，沿着崎岖的山路，发动了奇袭。仅在3天之内，德军就轻而易举地越过阿登山脉，深入法境，5月12日，抵达马斯河，攻下法国历史名城和要塞色当。法国苦心经营的马奇诺防线一夜之间成为后方，毫无抵抗能力。

战役的第一阶段，法国人已经损失了他们自己的兵力30个师，而同盟国的帮助还在（仍留在法国的英军只有2个师）。魏刚（法国将军）一共调集了49个师来掩护索姆河和埃纳河这条新战线，另外留下17个师据守马奇诺防线。由于时间的紧迫，无法构筑坚强的工事；而兵力的短少，也无法采用纵深防御的方法。又因为机械化师的大部分都已经损失或残破不堪，所以也缺乏激动预备队。

而德军，已经利用新运到的坦克10个装甲师，而他们的130个步兵师也几乎是原封未动。德军对法国的攻势在1940年6月5日发动，最初是在拉昂（法国北部皮卡第大区埃纳省省会）与海岸之间的地区中，头两天内法军的抵抗相当坚强，但到6月7日，最西段的装甲军突破防线而达到通向鲁昂（位于法国西北部，是上诺曼底大区的首府）的公路。于是在混乱中，法军的防御遂完全崩溃，因此当6月9日的德军渡塞纳河时,并未受到任何严重的抵抗。11日,克莱斯特("二战"德国陆军元帅)也拓宽了扫荡的范围,在提埃里堡渡过了马恩河。这种追逐以赛跑的速度前进,越过了朗格勒高原,直趋贝藏松和瑞士的国界,切断了所有位于马其诺防线中的法军。

德军于6月14日进入巴黎。16日他们达到罗纳河流域。在这个期间,魏刚仍继续不断压迫政府求和,所有主要的军事指挥官也都支持他。为了最后的努力,并保证法国可以在北非立足起见,丘吉尔遂提出一项惊人的建议,主张组成一个"法英联邦"。这个建议除了制造刺激意外,毫无其他有利的作用。法国内阁曾对它作了一次表决,结果大多数反对。于是遂急转直下而决定投降。雷诺辞职,由第一次大战时硕果仅存的英雄贝当元帅出组新阁。6月16日夜间向希特勒提出休战要求。

希特勒的条件在6月20日送交给法国代表——在贡比涅森林中的同一辆火车内,即1918年德国签署休战协定的旧地。德军仍继续前进,到22日法国才接受德国的条件。在与意大利也安排休战之后,6月25日上午1点35分休战正式生效。

英国 亚洲战场的沦陷

"二战"中,英国依靠强大的海军实力打垮了德国的海上力量,主导了大西洋的制海权。并在塔兰托海战中基本摧毁了意大利的海军,控制了地中海。但是这种实力不对称的战争,与美口太平洋战争中硬碰硬的死磕相比更缺乏含金量。而英国陆军在东南亚的不堪一击、在敦刻尔克的惨败,一直是英国战争的惨烈战争失败历史。

香港是英国在战略形势上的一个弱点。1941年10月27日,英国曾把两个加拿大营运往香港,防守日军的侵袭。但这也使冤枉牺牲的人数凭空增加了50%。同年12月8日清晨,日本从大陆对香港发动攻击,所使用的兵力在1个师以上,不但训练精良,还享有充分的空中掩护和炮兵支援。到了次日,英军已经退到九龙半岛上的"酒徒防线"。而到了10日清晨,这道防线上有一个重要的堡垒被一支日军所攻占,迫使英军匆匆地放弃了这一道防线。18日到19日之间的夜晚,日军主力开始在东北角上登陆,并集中全力进攻,不久渗入到南面的深水湾,切断防御部队。其中英军一部分在圣诞节之夜投降,而另一部分则在次日上午投降了,尽管已经有了增援,但香港还是只守了18天。日本损失不到3000人,而守军约1.2万人均被俘。

在日本的计划中,征服马来西亚、新加坡的任务是分配给山下奉文中将的第二十五军,该军共有3个师及一些支援部队,战斗部队约为7万人,总人数则达11万人之多。但所能动用的海上运输船却只够载运全部兵力的1/4直接越过暹罗湾(泰国湾),战斗部队1.7万人,总数2.6万人。这个先头部队以攻占北部机场为目的。

山下奉文全军的主力则从陆上前进，由印度支那经过泰国，进入克拉地峡，以最快的速度增援海运的兵力，并继续沿着马来半岛的西海岸南下。

丘吉尔决定派遣威尔士亲王号战列舰、反击号战列巡洋舰和护航舰支组成新太平洋舰队（Z舰队）奔赴远东。1941年12月4日，Z舰队到达新加坡。Z舰队也就成为防守新加坡的海军全部主力。这时马来半岛和新加坡陆军部队共有约8.8万，由英国、澳大利亚、印度和马来军组成，帕西瓦尔中将负责指挥陆军。空军有约150架老式飞机。

1941年12月8日凌晨1时45分，入侵舰队的南路5000多名日军在4艘驱逐舰交叉火力的掩护下在哥打巴鲁登陆。天亮后，日军航空兵对马来半岛尚未被其地面部队占领的机场和新加坡航空基地进行多次空袭，英国的空军损失殆尽。12月8日下午，菲利普斯中将在没有空中掩护、敌情不明的情况下率领Z舰队冒险出航。12月10日，Z舰队终于厄运难逃，日军22航空队85架飞机用2个小时将威尔士亲王号和反击号击沉，远东海军主力不复存在。

日本人在54天之内征服了马来西亚。他们的总损失仅约为4600人，而英国则损失了约2.5万人（大部分都是做了俘虏）以及大量的装备。

苏联　从轴心国到同盟国

苏联前一年和德国还是朋友一起瓜分波兰，后一年则与德国展开激烈的战争，从轴心国加入到同盟国。1941年6月22日，德国撕毁《苏德互不侵犯条约》入侵苏联，执行巴巴罗萨计划，苏德战争爆发，第二次世界大战进一步扩大。

1941年6月，部署在苏德边境的苏联军事力量的规模和质量都远远超过德国：军队数量，苏军是德军的1.6倍；军事装备的对比：坦克，苏联是德国的4倍，其中有一半坦克的质量与德国最先进的坦克相当；大炮，苏联6万门，德国4.3万门；战机，苏联1.9万架，其中起码有将近4000架战斗机的性能与当时德国空军最先进的战机M－109不相上下，而德国用于进攻苏联的战机只有1830架，其中先进战机M－109只有500架。

俄罗斯历史学家梅烈尤科夫给出的具体双方军事数据："1941年6月22日，入侵苏联的德国及其盟军有166个师，42601门火炮，4171辆坦克，4806架飞机；而其面对的苏军则有190个师，59787门火炮，15687辆坦克和10743架飞机。苏联还拥有当时世界上最先进的T-34型坦克和速度最快的BT-8型坦克、口径122毫米的A-19型火炮甚至是当时世界上最好的火炮，特别是当时苏联军事工业设计的 100% 的坦克和 87% 的飞机都已经现代化了。"但是这样一个有优势的苏联军队，在战争初期，苏军损失惨重，一个师一个军整建制地被德军消灭或俘虏。

6 月 22 日清晨，德军分为三道平行的洪流，在波罗的海与尔巴阡山脉之间，潜入了苏联国境。巴巴罗萨行动展开。

战争初期，德军凭借闪电战的突发性，机械化部队的快速性在从波罗的海到黑海长达 1500 公里的战线上全面突进，占领苏联大片国土，并一度威胁苏联心脏——莫斯科。初期德军取得巨大军事优势，苏联方面人力物力损失惨重。但是苏联人的顽强抵抗却还是使德军的进展受到很多障碍。7 月 12 日，德军已在罗加切夫和维贴布斯克之间的宽广正面上，突破了"斯大林防线"。

而在后期，双方战役经过莫斯科保卫战、斯大林格勒战役和库尔斯克战役后，战争不可避免地转入相持阶段，由闪击战转为持久战，而这显然对德国不利，直到 1945 年德国彻底失败。

苏联之所以能保其生存，主要的原因是其国家具有的传统落后情况，而不是自从苏联革命之后所获得的技术发展。这又不仅是指其人民和军队的顽强成性而已。他们那种忍苦耐劳的能力都是西方人多不能及的。一个更大的资本就是苏联道路的原始化情况。其中大部分都不过是沙上的小径，只要一下雨，马上就会变成无垠的泥沼，这种情况要比红军的一切英勇牺牲更足以阻止德军的前进。如果苏联拥有一个与西方国家相当的道路系统，它可能就会像法国那样迅速地被征服。

美国　在菲律宾的战败

美国参战后，在其经济实力的支持下武器生产能力大增，到1943年已经成为盟军军火的主要供应者。到1945年，美军总兵力达到1050万人，其军事工业的规模已经发展到可以年产飞机4万架、坦克2万辆的水平。"二战"时美国共生产8万辆坦克，有近4万辆是位于底特律的克莱斯特工厂生产的M4谢尔曼坦克。而战术指挥水平以及在"二战"各个战场中的战绩也稳居世界前列。成功地实施了多次空降、登陆等多兵种配合的行动，而强大的海军航母舰队也使美国在"二战"中建立起了全球作战的高机动能力，先进的军工技术水平使美国在"二战"后期就拥有了战略轰炸机、重型航空母舰以及原子弹等先进武器系统。

然而，1941年12月7日，日本偷袭美国在太平洋的海军基地珍珠港。以微小的代价重创美国太平洋舰队。美国太平洋舰队的损失，加利福尼亚号、俄克拉何马号、

日军偷袭珍珠港

西弗吉尼亚号、亚利桑那号战列舰沉没；马里兰号、田纳西号、内华达号战列舰严重受损，宾夕法尼亚号战列舰轻伤，其他舰只犹他号靶船沉没，另有3艘巡洋舰、3艘驱逐舰以及3艘其他舰只被炸伤；飞机损失232架；约2400人死亡，其中约1000人死在亚利桑那号上，近2000人受伤。

次日，日本人攻击珍珠港的消息一经传到在菲律宾的美军总部，驻菲美军立即开始备战。参加这次战役的日军有第14军团，登陆和作战中共使用了5.7万人。在菲律宾群岛的美菲集团计有13万人，其中3.1万美国人和270多架飞机。

战役开始时，日军就攻占了巴坦群岛中的主岛。两天时间内摧毁了美军在陆地上的一半重型轰炸机和1/3以上的战斗机，为登陆作战创造了条件。同日，日军一部攻占吕宋岛以北的巴坦群岛。12日，第16师木村支队（约2500人）在吕宋岛南部的黎牙实比登陆，占领机场并进一步扩大战果。17日，美军仅剩的17架B-17轰炸机撤到澳大利亚。从此，日军完全掌握制海制空权。次年1月2日，日军占领马尼拉，并以一部兵力占领甲米地和八打雁。战役的主要目的业已达到。日军还在棉兰老岛和霍洛岛上陆。吕宋岛上的美菲军队撤向巴丹半岛。

1942年3月底，日本人获得了生力军2.2万人的增援以及较多的飞机和火炮。

于是从 4 月 3 日起，日军再度向巴丹半岛发动攻击，把美国人向半岛的顶端驱逐。4 月 9 日，美军尚留在半岛上的指挥官金恩将军向日军作无条件的投降。10 日起，美菲军战俘被押往邦板牙省的圣费尔南多，途中数千人死于饥饿、疾病或被杀害，史称"巴丹死亡行军"。同日，日军占领米沙鄢群岛等战略要地。日军攻占巴丹半岛后，对科雷希多岛连续实施炮击和轰炸。5 月 2 日，日军对该岛实施火力准备，5 日在炮火掩护下分左右两路登陆，对岛上要塞发起攻击。1.5 万名美菲军依托坑道工事抗击，并组织敢死队展开白刃战。6 日，日军后续部队投入战斗，温赖特率美菲军余部投降。7 日，日军占领该岛。10 日，驻棉兰老岛和北吕宋山区的美军投降。18 日，驻班乃岛美军停止抵抗。至此，日军控制菲律宾全境。

美国人在这个战役中损失部队约 3 万人，而其菲律宾同盟国则损失 11 万人。在巴丹半岛上投降的美菲部队总数约为 8 万人，在哥黎希律岛上的为 1.5 万人。日本人的损失虽然比较难于确定，但大约仅为 1.2 万人。

波兰　35 天覆灭

1939 年 9 月 1 日凌晨，德国突然出动 58 个师、2800 辆坦克、2000 架飞机和

6000门大炮，向波兰发起"闪电式进攻"。波兰陆军共有30个常备师和10个预备师，它同时拥有不少于12个大型骑兵旅，不过却只有一个是摩托化的。其在数量方面的潜力甚至于要比上述单位数字所表现得还要大，因为波兰几乎拥有250万"有训练的人员"可动员。从数量上计算，波兰人还是拥有庞大的兵力，足以抵抗德军所发动的攻势。

但德军在战争最初不仅破坏了波兰的铁路系统，而且毁灭了波兰空军的大部分。另外，德军另用无线广播，在波兰的后方制造混乱，打击士气。

到9月3日，英法两国投入战争，德军已经切断了波兰走廊，并达到了维斯瓦河的下游。9月6日，波兰政府逃离华沙。9月17日，华沙保卫战开始，几乎在同一天，苏联红军击败了波兰。9月27日，德军占领华沙，波兰覆灭。

比利时　防线崩溃次日投降

1939年9月1日，德国入侵波兰，随之而来的是英法与德国开战，而比利时政府也立刻确定了它们的政策：9月3日，政府发表了一个中立声明，规定比利时国家遵守严格而不偏不倚的中立。4日，国王依照宪法条款担任了军队统帅。同时，军队的动员工作也在进行，虽然比军的装备并不优秀，但是其军队本身已经逐渐动员了起来。由于比军很清楚凭自己的力量无法与德国对抗，其军事计划建立在英法在比利时遭到入侵的情况下将赶来救援的基础上，为了尽量守卫国土，比军的防线将主要沿着艾伯特运河构筑，这一线有比方耗费巨资修筑的要塞。1940年5月27日，比军防线就已经到了崩溃的边缘。5月28日，比军宣布投降，利奥波德三世实际上成为了俘虏。而此时比利时政府已经到了法国，部分议员也在法国，他们（和法国政府）对国王的投降进行了猛烈的攻击（英国的语气则缓和一些）。然而很快，由于法国的投降，比利时政府失去了在大陆的立足点，他们试图再次与国王联系，但被拒绝，德国方面也无意与他们打交道，于是其中的核心人物先后出走，主要通过西班牙到达英国，成立了流亡政府。

荷兰　5天投降

荷兰的首都海牙以及其交通枢纽鹿特丹，在1940年5月10日清晨受到空降部队的攻击，同时在东面 100 英里以外的国境防线也受到突击。这种前后方同时发动的双重打击所产生的混乱和惊慌，又因为德国飞机的到处肆虐而愈显增大。利用这种混乱的情况，德国装甲部队从南侧面上的一个空隙冲入，第 3 天就和在鹿特丹的空降部队会师了。法国的第七军为了增援，已经到达荷兰，但德军不理会这种威胁，在法国援军面前继续向指定目标突破。打到第 5 天，荷兰人已经溃败，虽然其主要防线尚未崩溃。德国空军对其人口众多的城市所做的进一步威胁是加速荷兰投降的主因。

德国人在这里的兵力远比对抗他们的要少，而且执行决定性突击的部队仅为一个装甲师。因为兵力不够分配，对于荷兰方面的攻击，所能抽出来的就只有这样一个师。

但这个新兵种也是非常的渺小，若与其成就相比较，则更是令人感到惊异。1940 年 5 月，德国一共只有 4500 名受过训练的伞兵部队。在这个渺小的总数中，就有 4000 人都用在了对荷兰的攻击。他们变成了 5 个营，支援他们的为 1 个轻步兵师，共 12000 人。

挪威　政府流亡到英国

1940年4月9日，天还未亮，德国部队的先遣支队，大多数都是乘坐军舰，到达了挪威的各主要港口，从奥斯陆起到纳尔维克，并且很轻松地就把它们都攻占了。德军指挥官向个地方当局宣布它们是来保护挪威的，以免其受到联军的攻击。

用来攻占挪威首都和主要港口的部队实在是非常渺小的。他一共只有2艘巡洋战舰、1艘袖珍战舰、7艘巡洋舰、14艘驱逐舰、28艘潜艇、若干艘辅助舰和大约1万名部队，即预定用于侵入作战中的3个师的先头部分。在任何地方最初登陆的兵力都没有超过2000人。同时也使用1个伞兵营，夺占了在奥斯陆和斯塔万格的飞机场。

德军的成功中最具有决定性的因素还是空军，在这次战役中所实际使用的兵力是作战飞机800架，运输机约250架。他们在第一阶段就把挪威人吓倒了，瘫痪了联军的对抗行动。

6月7日，挪威国王和他的政府也于同日离开了该国流亡到英国去了。

编辑：李彦

外蒙独立史（一）

"弱国无外交"，一部外蒙独立史，亦是一部中国兴衰史。

文／高查

　　作为地理名词的"蒙古"是个复杂的区域，历史上几经变迁。相对于内蒙古而言，"外蒙古"指蒙古高原北部，既包括今天的蒙古人民共和国全境，还涵盖了俄罗斯境内的唐努乌梁海地区、贝加尔湖与额尔古纳河附近地带，以及哈萨克斯坦东北部的科布多地区。这片 150 多万平方公里的广袤地域，曾经都是中国领土。

蒙古与中国的历史渊源

　　公元前 3 世纪，在荒僻的中国北方活跃着几支游牧民族，其中以匈奴历史最为悠久。他们披发左衽，在大漠南北、叶尼塞河上游和贝加尔湖等寒冷粗犷的广大地区放牧、劳作、繁衍生息，于公元前209年至460年在蒙古中心建立国家。春秋战国时期，他们被称为"胡人"，并曾被北方的燕国收容。

公元前214年，秦始皇遣将军蒙恬率领三十万秦军北击匈奴，收河套，屯兵上郡（今陕西省榆林市东南）。"却匈奴七百余里，胡人不敢南下而牧马"（《过秦论》）。蒙恬从榆中（今属甘肃）沿黄河至阴山构筑城塞，连接秦、赵、燕五千余里旧长城，据阳山逶迤而北，并修筑北起九原、南至云阳的直道，构成了北方漫长的防御线。蒙恬守北方五年，匈奴慑其威猛，不敢再犯。

匈奴国的全盛时期从前209年至前128年，即冒顿、老上、军臣三单于时期，相当于从秦二世元年到汉武帝元朔元年。到汉武帝时，西汉经过近70年的休养生息，经济、国力大大增强，对匈奴从战略防御转为战略进攻，发动了三次大战：河南之战、河西之战、漠北之战。在伊稚邪单于时期，国力被汉军打击由盛转衰。公元48年，匈奴八部族人共立呼韩邪单于之孙日逐王比为单于，与蒲奴单于分庭抗礼，匈奴分裂为两部，北匈奴被远驱到阿尔泰山、高加索山脉以西，进入欧洲（即现在的土耳其人），南匈奴则降汉。公元47年，匈奴正式成为汉朝的属国。从西汉王朝开始，无论内蒙还是外蒙，基本上都属于西汉帝国的版图。

时间越过三国、西晋、东晋十六国，到了南北朝时期，鲜卑民族大规模内迁，蒙古民族就在这个时期迁居蒙古地区了。这时期的蒙古民族并不强盛，长期处于分裂状态。又经过隋、唐、五代十国，到了南宋时期，蒙古民族开始强盛。

唐代始置府设州，实行直接的有效管辖。从公元647年到686年，今外蒙古全境先后属于唐朝的燕然都护府、瀚海都护府、安北都护府管辖，都护由朝廷派出，地方官员由当地部落首领担任。这是外蒙古地区第一次正式纳入中国版图，当时蒙古族的祖先室韦部落还生活在东北的大小兴安岭地区。

唐王朝灭亡之后，经过五代十国的大动乱，虽然有宋朝的建立，号称"统一"，但却被契丹人建立的辽国一直占着燕云十六州，后来又被西夏占去了灵州、西凉府等地。等到金国崛起，则完全失去了江北土地。

1204年，蒙古诸部领袖铁木真通过残酷战争统一了蒙古高原各蒙古部落，并于1206年被各部落推举为"成吉思汗"，建立政权于漠北，国号蒙古国。从此，蒙古草原结束了长期混战的局面，先后灭了西辽、西夏、金、吐蕃、大理等国。1271年，蒙古大汗忽必烈称帝，取《易经》中"大哉乾元"之意，正式建国号大元。后于1279年打败南宋，统一全中国，建立了一个横跨欧亚的超级大国。

明朝时蒙古人退回塞外，维持北元政权，与明朝对抗。后来满族统治者与漠南蒙古（即内蒙古）诸部结盟，进入中原，建立清朝。其他漠北、漠西蒙古部族也逐渐成为清朝的臣属。1635年，塞北诸部落向后金（大清）归附，遂称内蒙。此时外蒙由喀尔喀部（三部落总称）统治下，地广人稀。元朝时期外蒙古和内蒙古是一体的，覆灭后被明清两朝攻击和驱赶不断北上，一战时期裂土封国形成现在内外两蒙。

1660年，由突厥民族后裔瓦剌部落分裂的一支漠西蒙古准葛尔部，在葛尔丹汗的带领下，进攻外蒙。喀尔喀三部落全面溃败，商量救亡策略。面前有两条路，一是投降俄国，二是归附中国。库伦活佛作出了影响后世数百甚至数千年的决定，归附中国，而不是向沙皇俄罗斯投降。他说："俄国不信佛教，衣服奇形怪状。中国一片繁荣景象，又信佛教，有用不完的财宝，绫罗绸缎，依靠他们，生活一定愉快。"加之库伦活佛与玄烨私交实笃，外蒙最终主动归附，清廷出钱出力，派精锐协防。1696年，葛尔丹大汗在清军三路大军围剿下大败，次年葛尔丹自杀。自此180多万平方公里北方领土纳入中国版图。一直到北洋政府统治时期，外蒙古仍然在中国的管辖范围之内。

清朝灭亡引发外蒙独立

外蒙古地区是清朝的北部边疆,也是邻近俄国的中国领土。沙俄很久以来就想把这个地区攫为己有。沙俄对中国边疆的进犯,最初是以雅库茨克为据点,沿勒拿河和它的支流入侵的。1727年9月1日,中俄两国签订《布连斯奇界约》,划定了中俄两国中段边界。同年11月2日,双方通过签订《恰克图界约》,中俄两国进一步划定中俄中段边界外,沙俄还取得了在恰克图和外蒙古地区通商贸易的特权。但是,沙俄并没有放弃侵占外蒙古的野心。尤其在19世纪中叶后,它把吞并外蒙古当作对外侵略政策的主要内容之一。1854年,驻东西伯利亚总督穆拉维约夫在其"遵照最高政府对于中华帝国的意图行事"中指出:"中国一旦发生政变,也不应容许中国新政府把权力扩张到蒙古,在这种情况下,蒙古应受到我国保护。"([俄]巴尔苏科夫《穆拉维约夫——阿穆尔斯基伯爵》第2卷,东正教出版社,1891年)沙俄利用英法发动第二次鸦片战争的机会,在中俄边境上已陈兵数万人,准备派出两支部队:"一路攻取库伦,另一路攻取瑷珲。"穆拉维约夫还公开叫嚣:"假如我们能立足满洲、蒙古,从而使满蒙脱离中国,成为受俄国庇护的两个公国,即使暂时不移民也于事无损。"很明显,沙俄政府想把外蒙古从中国分裂出去,变为沙俄的保护国，只是等待时机而已。

在外交方面，沙俄迫使清政府签订了一系列不平等条约。1858年，中俄通过《天津条约》。《天津条约》是沙俄侵华的一个开始，它所涉及的内容，将在以后的不平等条约中进一步显现。对沙俄来讲，《天津条约》最大的意义在于它为沙俄侵略外蒙古和中国内地打开了新的通道，而此后签订的《北京条约》与《陆路通商章程》则扩大了沙俄对外蒙古的侵略。1860年，沙俄通过中俄《北京条约》，取得了在蒙古通商和在库伦设立领事的特权，从此库伦的俄国领事馆成了在蒙古进行侵略、颠覆活动的据点。1862年，沙俄通过《中俄陆路通商章程》，取得俄商在蒙古区域免税贸易的特权。其中，俄国为加强对外蒙古的经济侵略，于1909年，俄国工商部成立了一个特别研究委员会，专门研究和制定对蒙古的贸易政策。沙俄政府还派遣大批商队和考察队，专门调查外蒙古地区商业的活动。至1910年，当时驻库伦的俄国商人已达3000人，定期来库伦的商队也在7000人以上。仅1909年，俄国从外蒙古掠走的牲畜为31.9万头，其价值达330.05万卢布。

沙俄政府除派商队以外，还利用文化从事政治、经济、军事、宗教等方面的鼓动宣传，使蒙古封建上层信赖俄国，笼络蒙古人心。沙俄在库伦开办蒙语翻译学校，在彼得堡大学和喀山宗教大学设置蒙古语言研究专业，培养研究有关蒙古问题的专业人才。沙俄为吞并外蒙古，还以驻库伦领事馆和"巴德玛耶夫商务公司库伦办事处"，作为他们的"暴动政治中心"。这个中心以经商为名往来于恰克图、乌里雅苏台及各主要商路、驿道，从事阴谋活动。同时，沙俄驻库伦领事馆在恰克图—库伦—张家口，库伦—科布多—乌里雅苏台，这两条驿道的每个台站，都派有一个名为"学习蒙语"的坐探，经常与清朝官员和蒙古王公接触，借此刺探情报。

除上所述，沙俄在策划外蒙古独立所采取的一个重要手段，就是利用各种机会拉拢和收买蒙古王公，以及恶意挑拨蒙古王公上层同清廷的关系，极力煽动民族分裂情绪，培植亲俄势力，使其信赖俄国。如库伦活佛哲布尊丹巴，是外蒙古政教最高首领。他四岁成为第八世活佛，于1882年由西蒙到库伦，到十二岁，就开始受到沙俄侵略势力的影响。当时，沙俄驻库伦领事施什玛勒夫利用活佛年幼的机会，赠送欧式玩具、绘画和几十种稀有动物。活佛长大后，沙俄又"以狐媚手段，行其狼吞之心"（陈崇祖《外蒙近世史》，商务印书馆，1922年）。1900年，俄国驻库伦领事施什玛勒夫又代表沙俄政府向哲布尊丹巴赠送了金椅、大象等珍物。同年，俄国人柯乐德由于攫取库伦附近的金矿开采权，引起土谢图汗部蒙古王公的反对。施什·玛勒夫为调节蒙古王公的不满情绪,又以赔偿为名,当场拿出 10 万卢布贿赂蒙古王公。并在蒙古王公会议上,公然散布汉族要在"经济上、政治上灭亡蒙古",俄国是"希望把蒙古王公从这种难堪的状态中挽救出来"。只有"通过俄蒙贸易和金矿开采",才能"增进蒙古的国王、人民和王公的繁荣"(矢野仁一《近代蒙古史研究》,1925 年东京版)。并暗中拉拢和收买土谢图汗部盟长察克都尔扎布、杭达多尔济亲王和札萨克头等台吉那木萨赖等人,使其靠近俄国。

沙俄新任驻华公使廊索维兹是策划外蒙古独立的急先锋。1908 年,他在赴北京途中,特意绕道库伦,伙同新任驻库伦领事刘巴,给哲布尊丹巴赠送价值两万多卢布的金银珠宝、钟表和多种俄式奢侈品。沙俄为拉拢和收买哲布尊丹巴,向他不断地灌输亲俄思想,私送大批俄国快枪,建造俄式房宫,甚至"活佛庙中时有俄女出入","活佛门首,每日必有多数俄人往来其间,并有俄文信札往返"(《外蒙近世史》)。可见,当时外蒙古之库伦,由于沙俄长期的阴谋策划,业已成为"暴乱的政治中心"。1910 年初,土谢图汗和车臣汗的盟长,以及哲布尊丹巴呼图克图的宗教机构沙比衙门的首脑额尔德尼商卓特巴(额尔德尼是一种尊称,商卓特巴系官名,负责管理喇嘛寺院),曾经联名向库伦办事大臣和乌里雅苏台将军上递呈文,以反对清朝"新政"

为名,在蒙古人中制造对清朝统治的怨恨和不满情绪。在呈文中说:"我们可怜的、为各种赋税弄得一贫如洗的盟和沙比的台吉和阿拉特们,已经到了他们再也无法支持的地步了。历次颁布的命令,没有一个对蒙古人是有利的。因此,我们大家希望能让我们仍按古老的方式生活下去。"(那楚克多尔济《喀尔喀史》)同年4月,当三多任库伦大臣不久,就在库伦发生了一群喝醉了酒的喇嘛在木厂和汉人斗殴的事件,在这次事件发生的同时也发生了一大群喇嘛向三多和他的卫队投掷石头,迫使他们退回,"沙比衙门拒绝交出一个被指为主要罪魁喇嘛,使三多特别恼怒";"呼图克图的宫廷要求三多拆除库伦城内主要街道交叉路口上的汉人商亭"(托马斯·E·尤因《中国边境上的事件:1911年的外蒙古》)等一系列事件。这些事件都是带有"暴乱"政治性质的。总之,自从1909年或1910年以来,"新政"就成了汗和王公们私下议论的话题。只有土谢图汗盟的副将军杭达多尔济亲王和大沙比的大喇嘛车林齐密特等几个人,坚决主张独立和与俄国联合,其他大多数人却担心采取这样一个步骤为时过早。不久,沙俄政府为支持外蒙古实现"独立",公然以"援助"为名,出动军队到库伦,积极支持库伦叛乱集团,把外蒙古"独立"运动推向高潮。(节选自内蒙古社科院历史所《蒙古族通史》,民族出版社,2001年)

北洋军阀出兵外蒙

  1911年,武昌起义爆发,引发"多米诺骨牌"效应。中国各省纷纷响应,宣布独立,摆脱清政府的统治。同年12月,以哲布尊丹巴为首的外蒙古封建上层宣布"独立",建立"大蒙古国",驱逐了清朝政府驻库伦办事大臣,此后又派使赴俄,请求俄国派兵保护。事实上,当时的外蒙古已经变成了沙俄的保护国。民国统计:整个蒙古族共有近240旗,其中外蒙占108旗。外蒙古独立将拉走近一半的旗和150多万平方公里辽阔土地,形成一个世界最大的内陆"国家"。由于所处的特殊地理位置,它的分裂形同把中国拦腰斩断。此后数十年间,围绕着外蒙"独立"、"自治"、"撤治"等问题,中俄双方进行了长期的交涉。

  1912年1月1日,孙中山在南京就任中华民国临时大总统,宣告中华民国成立。临时大总统孙中山提出"汉、蒙本属同种,人权原自天赋,自宜结合团体,共谋幸福",并致电蒙古各王公,告诫"俄人野心勃勃,乘机待发,蒙古情形,尤为艰险,非群策群力,奚以图存"。袁世凯组成北京政府后,也多次通电外蒙取消"独立",并派人到库伦与哲布尊丹巴呼图克图谈判。为了换取沙俄的扶助与保护,外蒙于1912年11月与沙俄签订《俄蒙协约》及《商务专条》,并给了沙俄开矿、铁路、经济通商等各种特权。原本属于中国内政问题的中蒙统一纠纷，逐渐发展成为中俄谈判蒙古独立案的问题。经过多次谈判，1913年11月中俄发表声明："俄国承认中国在外蒙古之宗主权"，但中国承认"外蒙古之自治权"。这样，中方虽在名义上保留了对外蒙的"宗主权"，而沙俄却在实际上控制了外蒙。此后多番交涉，几经周折，中俄蒙三方于1915年6月7日在恰克图签订《中俄协约》，提出："外蒙古承认中国宗主权。中国、俄国承认外蒙古自治，其为中国领土之一部分。"随即外蒙宣布取消"独立"，而中国则特任陈箓为首任都护使驻扎库伦，行使北京政府对外蒙的宗主权。于是，外蒙古第一次"独立"以"自治"收场。

1918年，俄国爆发了十月革命，沙俄政府被苏俄推翻。俄罗斯远东领土处于无政府状态，原来由俄国支持的外蒙古独立势力也顿失重心。俄乱渐渐蔓及外蒙，俄国白军谢米诺夫勾结布里雅特，在日本的支持下盘踞大乌里、赤塔一带，企图侵占外蒙，建立包括内蒙古、外蒙古、呼伦贝尔、唐努乌梁海等在内的"大蒙古国"。与此同时，苏俄红军也进入外蒙区域。外蒙势力薄弱，不足以与之抗衡，于是邀请北京政府派兵进驻。北洋政府利用这个有利时机，派遣徐树铮将军率兵进入库伦，以图收复外蒙主权。

徐树铮，江苏萧县人。北洋军阀皖系名将，1905年被保送日本陆军士官学校，毕业后回国任段祺瑞部第六镇军事参议及第一军总参谋，是段祺瑞的得力助手。1919年2月，徐树铮派出一个旅的兵力，在大青山以北进行军事演习，并从西北边防军中选拔精锐力量积极备战，他本人在多伦建立前进指挥所。7月25日，苏俄政府发布《俄罗斯苏维埃共和国政府对中国人民和中国北方与南方政府宣言》，宣布废除帝俄与中国签订的一切条约，放弃帝俄政府在中国东北以及其他地方侵占的土地和租界等。中央政府与外蒙古当局谈判，达成《改善蒙古未来地位六十三条》，但遭到外蒙古"议会"否决。

10月，徐树铮率领西北边防军第一师挥师出塞，向库伦进发，拉开了中国军队收复外蒙的战幕。11月，徐树铮的部队开进了乌兰巴托，外蒙王公俯首称臣。局势初定，徐树铮毫不手软，随即命令陈毅返回内地，否定"六十三条"，把外蒙古伪政权的"内阁总理"巴德玛多尔济等"请"到了自己的司令部，对第八世哲布尊丹巴加以软禁。11月17日，外蒙古正式上书中华民国大总统徐世昌，呈请废除俄蒙一切条约，蒙古全境归还中国。11月22日徐世昌颁布大总统令，取消外蒙古自治，废除1915年中俄蒙协定，册封哲布尊丹巴呼图克图为外蒙"翊善辅化博克多哲布尊丹巴呼图克图",并且在库伦设立"中华民国西北筹边使公署",由徐树铮部驻防。外蒙取消自治,还政中华民国,表面上外蒙问题暂告一段落,实际上却暗藏波澜。

编辑:齐庆涛

实话与权力

苏联大饥荒天灾还是人祸?

实话与权力

文/张鸣

在整个帝制的历史上,尽管君主们知道实话实说,对他们的统治有莫大的好处,但他们却一直在做一种反向的努力,尽力削减人们说真话、说实话的空间。

如果泛义地讲,权力是无所不在的。从这个角度理解,权力无非就是支配力,只要有能力支配他人,就意味着拥有权力。然而,我们今天讲的权力,仅限于政治领域。只讨论由于强力或者政治制度规定了的支配和被支配关系。

中国有两千多年的帝制历史,如果加上此前的王制时期,中国3700多年的历史,就是帝王将相的历史。这个历史里,虽然有"民",有"氓",有"黔首",但民众在历史里,只是一团模糊的身影。历史,就是支配者的历史。也就是说,历史的叙事,只是权力支配的叙事。今天的人们,比较喜欢说权力异化这个概念。但是,其实没有什么权力异化这回事。支配者使用权力,如果没有顾忌和障碍,百分之百都是趋于无限扩张的,最终,都让人受不了。

中国历史上的统治者，权力的来源，都是强力，或者说暴力。以马上打天下，是一个通则，任何人不能例外。即使通过宫廷政变夺天下，背后也是武力，没有武力的支撑，就没有逼宫，更没有政变。但是，马上打天下，不能以马上治之，也是一个统治的通则。以武力运作的方式统治，无一例外，都是短命的。即使像中世纪蒙古这样世界公认的强大军事力量，按武力模式统治，也就维持了不到百年。五代十国军阀统治时期，五个朝代，总共51年，平均每个朝代10年多一点。皇帝宝座传到儿子，屁股没坐热，朝代就倾覆了。被支配者民众的活动，在平时没有多少记录，可一旦民不堪命，民变蜂起之时，模糊的民，就成了主角了。

也就是说，权力可以用武力夺取，但如果权力的使用不讲道理，没有节制，那么，二世而亡，就是迫在眉睫的现实。反过来，恰是这个严峻的现实，才使得权力的拥有者，对于使用权力，要讲道理，有所节制。

讲道理，有两个层次的内容，第一是大道理，按孔子的说法，是仁政，孟子解释说，之所以要行仁政，是因为"民为邦本"。就是说，民是统治者的最大资产，没有了这个资产，就成了穷光蛋，孤家寡人，也就没本钱统治了。第二是有什么说什么。首先是把事情应该怎么办的道理原原本本说出来，不打埋伏，实话实说。其次是不隐瞒实情，不对上级搞信息封锁，尤其是不能蒙蔽皇帝。所以，讲道理，实际上就是说实话。

没有一个皇帝喜欢被人蒙蔽，没有一个皇帝嘴上不说，喜欢臣子说实话。而且，只要实话说得比较多，王朝就兴旺，实话没有人说，谎言充斥，王朝就注定衰亡。但是，现实的王朝政治，实话实说，还真是个难事。犯颜直谏，在史书上绝对是美德，但在现实中，却非常稀少。固然，像秦二世那样，被蒙蔽到鹿马不分，对外界的真实情况一无所知，像明熹宗那样，只顾埋头嬉戏或者做木工，外面的事情不闻不问，应该属于极端状况。但是，完全不被蒙蔽的皇帝，还真的就不存在。尽管，韩非子教了好些不被蒙蔽的权术高招，帝王们很听话地照搬施用，同时，用雷霆之怒，严酷的刑责，惩罚欺蒙者，但是，还是消弭不了被欺蒙的可能。不仅皇帝如此，每个上级，也都如此。一级蒙一级的可能性，永远都存在。

这是因为，拥有支配性权力的人，本能上不喜欢实话实说。人性的弱点，就是目好好色，耳喜恭维之声，说白了，就是喜欢听好听的话。文明程度越高，这样的弱点就越是明显。人人都知道，良药苦口利于病，忠言逆耳利于行。但大权在握之辈，听得进逆耳的忠言，都是被迫的。中国历史上，汉唐并称盛世，简单地说，就是这两个朝代，对实话容忍度高一些。但这个高容忍度的前提，是因为这两个朝代，前面的朝代都是二世而亡。殷鉴不远，不容他们不谨慎。

在帝制时代，君主或多或少，能够纳直言，听得进意见。或者说，按照实话的逻辑，对权力的行使有所规范。客观地说，是因为他们的权力，有一些有形和无形的限制。第一种限制，是大道理的限制。中国大一统帝国的建立，凭借的是法家思想。但是，法家思想利于打天下，巩固江山却不灵。所以，后世皇帝独尊儒术的选择，等于承认在最高权力之上，还有一个更高的道理的存在。在政治上，"皇权接受一个更高的意识形态的指导制约，士人官僚的'规谏'构成了制约皇权、调节政治的重要机制"。大道理不仅要放在庙堂之上，而且需要通过士人官僚不断地实话实说，才能对君主的权力构成制约。

第二种限制，是制度。王朝的制度，都是经君主同意确立的。权力的行使，要按制度的轨道走。这里本身，就蕴含着对权力的制约。汉文帝时，发生在廷尉张释之身上的一个故事，非常耐人寻味："顷之，上（指汉文帝，笔者注）行出中渭桥，有一人从桥下走，乘舆马惊。于是使骑捕之，属廷尉。释之治问。曰：'县人来，闻跸，匿桥下。久，以为行过，既出，见车骑，即走耳。'释之奏当：此人犯跸，当罚金。

上怒曰：'此人亲惊吾驾，马赖和柔，令它马，固不败伤我乎？而廷尉乃当之罚金！'
释之曰：'法者天子所与天下公共也，今法如是，更重之，是法不信于民也。且方其时，
上使使诛之则已。今已下廷尉，廷尉，天下之平也，一倾，天下用法皆为之轻重，
民安所错其手足？唯陛下察之。'上良久曰：'廷尉当是也。'" 皇帝可以自己执
法，把惊了你的马车的人杀掉，但如果交给廷尉（汉初主管司法的官员），那么就
是进入了司法和制度轨道，就得按法律和制度办。这就是制度的制约。后世史家，
公认汉唐的制度，有其优越性。其优越性，很大程度上在于它的集体决策机制，任
何重大决策，必须经过朝廷重臣的集体讨论，朝议和廷争，才能拍板。在这个过程中，
参与者可以实话实说，而不必担心受惩罚。即使形成了决策（诏令），某些专门的
机构，比如门下省，也可以封驳，即打回去重议。而御史台的谏官，也可以提意见，
让皇帝回心转意。

  当然，对皇帝权力最大的限制，是士大夫官僚群体。自汉朝之后，官僚基本上
由儒家士大夫担任。而儒家士大夫，一向以儒家伦理的阐释者自居，有修齐治平之志。
为帝王师，是他们生活事业的最高境界。也就是说，他们自以为有引导、规劝君主
的使命。反过来，君主一般也以"与士大夫共天下"为信条。接受指导，接受规劝，

是一个"明君"的基本形象。就情势而论,大一统的帝制国家,皇帝必须依靠官僚们来统治天下,如果没有官僚的协助,他将寸步难行。所以,必须接受官僚体系的制约。

显然,这三种限制,之所以能成为限制,关键是皇帝本身还有所忌惮。担心自己做了亡国之君,担心祖宗江山亡于顷刻,也担心因为自己的行为不当,留下万世的骂名。如果他像隋炀帝那样,觉得即使是跟士大夫们比才学,他也该做皇帝,觉得自己无所不能。如果他像秦二世和明熹宗那样,根本没有长大,心智停留在儿童状态,一味贪玩,专心胡闹,那么,他在理论上,就可以无法无天了。任何限制,都对他不起作用。人性的弱点,威力巨大。作为君主,就本心而论,他们其实更乐意不受限制,不听规劝,任着自己的性子来。选择接班人,是皇权政治的头等大事。皇帝选择接班人,按规矩是一回事,论喜好则是另一回事,一种不讲道理的胡来。但是,从汉朝开国皇帝汉高祖开始,就喜欢这样胡来。原本已经按规矩,定下了皇后生的长子刘盈为太子,但他晚年偏爱戚夫人,非要废掉刘盈,立戚夫人生的儿子为太子。御史大夫周昌是个结巴,闻讯只会结结巴巴地抗议,"期期知其不可","期期不奉诏"。但能说会道的儒者叔孙通,则说:"昔者晋献公以骊姬故废太子而立奚齐,晋国乱者数十年，为天下笑。秦以不早定扶苏，胡亥诈立，自使灭祀，此陛下所亲见。今太子仁孝，天下皆闻之；吕后与陛下攻（共）苦食啖，岂可背哉！陛下必欲废嫡而立少，臣愿先伏诛，以颈血污地。"最后打动了刘邦，收回成命，缩了回去，说换太子不过开玩笑而已（"吾特戏耳"）。显然，如果不是出于害怕亡国的担忧，秦亡的阴影作祟，即使聪明如汉高祖刘邦，也一样会任着性子，听自己喜欢女人的耳边风，擅自改动继承人。而且一干到底，不管大臣们的劝阻。

所以，我们看到，在整个帝制的历史上，尽管君主们知道实话实说，对他们的统治有莫大的好处，但他们却一直在做一种反向的努力，尽力削减人们说真话、说实话的空间。所以，即使在唐朝，苏味道这样的模棱宰相，就做得比较长。而李林甫这样诸事顺着皇帝说，事事逢迎皇帝的宰相，干得也是风生水起。李林甫这样的人，不仅自己不说实话，也不许别人说，让谏议之官去学御马监的仪仗马，一声不响。我们伟大的诗人杜甫，在担任左拾遗（皇帝身边的谏议官）时，就因为多了句嘴，就丢了乌纱帽。从盛唐到晚唐，皇帝也一直在降低宰相们的官衔，好让他们没那么大的资本，跟自己争吵。进入宋代，一直在皇帝身边，坐而论道的宰相们，忽然之间，就没有了座位。有种说法，是宋太祖做皇帝的时候，前朝降臣范质为相，欲有文字进呈，宋太祖说，我看不清，你走近点，偷偷令宦官把范质的座位撤了，从此，宰相上朝无座。也有材料说，其实就是因为范质故意谄媚，自己不要座位，开了一个恶例。近世著名文史学者陈登原先生认为，宰相没有座位，就是"由于范质之逢迎"。但是，这样的逢迎，跟皇帝的喜好，有着密切的关系。作为范质这样的宰相，不敢在皇帝面前有座位，其实是出于皇权的无形压力。

到了明代，一身流氓气的开国皇帝朱元璋，把宰相也给废了。而且开创了帝制国家特务政治的先例，设立锦衣卫、东西厂，走法外的轨道，口衔天宪，随意迫害群臣。御史台（明代叫都察院）里再也没有了专门给皇帝提意见的谏议官，御史只对下，不对上。而继承明制的清代，自负的皇帝连士大夫修齐治平的权利都给剥夺了。在他们看来，治国平天下，是皇帝的职责，跟士大夫有什么相干。士大夫以天下为己任，就是跟皇帝争天下。甚至，传统的士大夫对儒家经典的解释权，也被皇帝收去。乾隆皇帝解经，被拍马屁的臣子奉为经典之上的经典。后来的臣子读经，只能按皇帝意思来，越轨，就是离经叛道。为了让士大夫们彻底闭嘴，清代的文字狱一个接一个，在动辄获咎的情况下，士大夫们只好去做朴学，埋头考据。在这种根本不让人说话的政治气氛里，乾、嘉、道三朝元老曹振镛的名言——多磕头少说话——

成为清代臣子们必须遵行的准则。很多臣子，把磕头当成了健身体操，每日练习。在清朝，磕头甚至是一门功课，一门技术，需要前辈来传授的。所以，做臣子的，大道理是绝对不能讲了，要讲，也得皇帝自己讲。即使皇帝垂询，臣子们也只能就皇帝的意思，说一点技术性的话。皇帝要求臣子的，只是做事。别妄想做大臣，只能做奴才。甚至到了晚清，大清江山都需要靠在野的士大夫练乡团来拯救了，在西太后的评价体系里，能做事，还是对臣子的最好褒奖。

君主的专制程度越高，人们说实话、说真话的空间就越狭窄。当君主可以肆无忌惮地凭一己的好恶，甚至一时性起，一时的气愤就可以福人祸人，势必会引来越来越密集而高调的逢迎和奉承。君主如此，坐镇一方的高官，也是如此。人性如此，只要说好听话的人，在权力场中，会得到好报，官场中人，会自动地用马屁来换取他们需要的一切。而不会，也不乐意这样做的人，就越来越被疏远。被马屁灌饱了的人，一般来说，都会出现两种病症，一是自我膨胀，觉得自己无所不能，无所不知。二是不大能容忍与自己判断不同的意见，至于刺耳的实话，则更是要暴跳如雷，继而大张挞伐。

有了这样的病状之后，一般来说，无论是臣子，还是下属，都不会在他们的耳边说他们不喜欢听的话了。即使不出于逢迎求官求财的动机，有谁乐意讨不自在呢？反过来，这些有权的猛人，也就特别容易被人包围，根本无从了解下面的真实情况。如果还有人想挽回时局，想方设法说点实话，透露一点真实的信息，也只能走迂回路线。把真话和实话，变成一种变相的马屁，迂回地灌进去。举一个例子，光绪六年八月，西太后身边的太监李三顺，奉西太后之命，送食物给西太后的妹妹。出宫时忘记带腰牌，被午门的护军拦下。争吵之中，太监恃宠骄横，把食盒摔在地上，回去禀报西太后，护军无礼。结果西太后大怒，非要治一干护军死罪不可。这样的事，明明是护军按制度规定办的，没有过错，但西太后就是偏听太监的一面之词，非要法外加刑，严惩护军。事情一出，朝野大哗。可是任谁来劝，西太后就是不听，固执己见。最后，张之洞上了一个奏折，从爱护西太后，维护宫中安全的角度，来劝西太后，西太后才听进去了一点。任是如此，最后的处理结果，护军虽然保住了性命，但还是受到了惩罚。

后来，甲午之战，中国惨败，为了保住朝廷，不得已推行变法。但是，在很大程度上，就是因为参与变法的谋臣，不会讲话，得罪了西太后。一个明明非变法不能自存的局面，西太后就是不管不顾，毅然发动政变，废止了变法，差点将国家推入万劫不复的深渊。

　　一个国家的政治，若是到了实话不能实说，非得绕着弯子说，迂回地说，把实话变成马屁来说，才能于时局有所小补的时候，政治空气就已经相当恶劣了。这种时候，我们看到，有责任的热血之士，如果还想在体制内做点事，就非得把自己变成八面玲珑的琉璃蛋，变成特别会说话的巧嘴八哥。否则，就只好投身反叛队伍，致力于推翻现实政治了。这是实话的扭曲，但从根本上说，是政治的扭曲。这样的扭曲严重了，离政治塌台，也就不远了。

　　所以，我们看到，通过对传统政治的考察，没有什么权力异化这回事。权力只要绝对化，就必定是无法无天的。权力是要人来行使的，而人，则是有人性的弱点的。古往今来，人们一直期待有权者通过自身的道德修养，实现自我约束，不再放纵权力。但是，迄今为止，无一成功。即使像汉文帝和唐太宗这样千古称颂的明君，他们的明智，他们的从谏如流，也是建立在对亡国的忌惮上的。而且在骨子里，对犯颜直谏的人，都不喜欢。这一点，从著名的直谏之臣魏徵死后的遭遇，就可以看出。历史告诉我们，单凭统治者的明智、大度来容忍实话，尽管实话对他们有利，也是靠不住的。人人都不喜欢一言堂，但都是不喜欢别人一言堂，自己一言堂，感觉还是相当爽的。

正因为人有这样的弱点，很难靠自己的道德修养克服的弱点，所以，对权力的约束，才是良好政治所必须具备的条件。

从历史上看，作为儒家思想载体的士大夫，他们中的某些人以天下为己任的道德情怀，的确构成了政治中说实话的要素。历朝历代，都有一些不怕杀头，而坚持说实话的人。但是，也正是儒家的性善说的出发点，使得人们在建构制度的时候，始终难以将用制度和法律克制人性之恶作为重点。总是把制度的最后一道防线，放给人的道德自觉。结果，一次次演出其兴也勃、其亡也忽的历史循环剧。

今天的国人，当然应该继承古之士大夫以天下兴亡为己任的情怀、修齐治平的道德责任感，但是，我们还应该着力修建我们制度的堤防，防止人性中恶的成分在不适当的时候溢出。古今世事大变，古代的人们，也许会想到今天的人类可以轻松地在天上飞来飞去，也但绝对想不到会有互联网，汗牛充栋的书籍都可以轻松地放到网上，化为鼠标的一点。可是，人性的变化，其实并不大。人性的弱点，是超越国界，超越地域，超越信仰，超越时空，也超越意识形态的。对人性恶的防范，是人类的共同课题，也许，一万年，都还要接着做，未有穷期。

编辑：陈威

苏联大饥荒 天灾还是人祸？

文/华一

在长达22个月的饥饿中，农民们几乎没有见过面包，农村经历了罕见的贫困，变为一个个废墟。

苏联大饥荒

从1928年斯大林提出国民经济第一个"五年计划"，到1929苏联政府批准，苏联的工业化增长迅猛，粮食大量地向国外出售，换来工业机器。粮食从"富农"家里大量收走，苏联中央强行农民加入集体化。

在各地的农业人民委员强迫成百上千的农民放弃他们拥有的小片土地加入集体农庄，而且经常是把他们从世世代代耕种了几百年的土地上赶走，这种变化长期削弱了苏联的农业，并且为1932年和1934年发生在乌克兰和俄罗斯南方的破坏性极大、夺去了六七百万人生命的严重饥荒创造了条件。

1932年8月至1933年10月间，发生在乌克兰的饥荒事件，被乌克兰史学界称作"种族灭绝性的大饥荒"。2009年初，乌克兰法院对大饥荒案调查后确定，称此次大饥荒造成乌克兰394.1万人非正常死亡，其中91.2%为乌克兰人，而每天大约有33000名乌克兰人饿死。大饥荒期间，人吃人的现象普遍发生，枪杀和自杀事件也直线上升，乌克兰人民经历了悲惨的事件，而饥荒给幸存者的心理上产生了巨大的阴影。

强制推行集体化

1927年底，苏联爆发粮食收购危机。1928年初的粮食收购仅是1927年初的75%，链式收购量的减少对苏联工业的发展和城市人民的生活造成极大的困难。斯大林没有从国家实行的农业政策上找原因，而是以阶级斗争为纲，认定是小农经济束缚了农业的发展。1928年，苏联政府决定在农村实行集体化。苏联政府认为，只有乌克兰推行集体化才能彻底解决乌克兰民族主义的社会基础——小农经济问题。苏联第一个五年计划中规定在乌克兰农业中集体经济应当达到30%的份额。一开始，苏联政府尚能采取各种优惠政策吸引农民自愿加入集体农庄。但是，到1929年秋天，乌克兰集体经济仅占其农业经济的 5.6%，集体所有制的土地仅占可耕种面积的 3.7%，只有 20% 的农户加入集体农庄，乌克兰集体化的速度离中央的要求相差甚远。1929 年 11 月，苏共中央政治局决定加快农村集体化的进程。

1930 年 1 月 5 日，苏共中央政治局通过了《关于集体化速度的国家帮助集体农庄建设的措施》，正式提出在农村开展全盘集体化的方针。1930 年 2 月，乌克兰政府不顾农村的现实情况，强行全盘实行集体化。当地基层干部提出的口号是："谁反对集体农庄，谁就反对苏维埃政权！"实际上是强迫农民交出土地和牲畜，加入集体农庄。伴随全盘集体化而来的事件屡屡发生，党群关系十分紧张。普通农民运用最多的反抗形式是滥杀牲畜，他们认为吃肉，或者卖了比交给国家好。1928 年至 1932 年间，乌克兰家庭饲养的牲畜减少了 1/2 多。当时摆在农民面前的只有两条路可供选择，要么加入集体农庄，要么被流放到西伯利亚。在政府的高压政策之下，320 万农户加入了集体农庄。

消灭富农运动扩大

苏联数百万农民抵制集体化运动，他们把粮食藏在自家的地窖里，或者拒绝与当局合作。这些人被称为"富农",即富裕的农民。

"富农"是一个非常含糊的术语,以致任何人都可能被包括在内。由于某个喜欢嫉妒的邻居举报,拥有一头额外奶牛或者一间额外卧室足以使一些明显贫困的农民获得富农的资格。

在乌克兰,富农是具有强烈民族独立意识的阶层。他们保留着乌克兰的语言、文化传统、生活习俗、宗教信仰。他们对政府提出的集体化运动和粮食征集采取抵制态度,不愿把粮食低价出售给国家,而是希望拿到自由市场上去卖个好价钱,获得较好的经济效益。富农成为粮食征集制和集体化运动绊脚石,自然成为无产阶级专政的对象。由于富农这一概念的内涵外延没有明确的法律概念,而是根据斯大林的意志,制定了一个"规定"富农标准的文件:"每口人年收入超过300卢布(但是每个家庭不少于1500卢布),从事经商、出租农具、机器和房屋、战友磨坊、油坊等。具有这些特征之一者,均可划为富农。"结果,乌克兰的富农占了农民人数的15%,消灭富农运动扩大化在所难免。

富农的抵制活动,让苏维埃政权很是反感。为了粉碎富农的抵制行动,苏维埃政权实际恢复了沙俄旧时代所实行的行政流放制度。只用一两天的时间,卡车和四轮马车直接来到村里把一家一家的人带走。有些富农被枪毙了，有些被捕后判处在劳改营服刑。不过，政府最终把大部分富农流放。1930年至1933年间，超过两百万富农被流放到哈伯利亚、哈萨克以及苏良其他人烟稀少的地区，作为"特殊移民"，禁止他们离开流放村。

在集体执行过程中，农村党政干部握有农户的生杀大权，这些人往往依据个人的主观好恶判断是非曲直，制造出一幕幕人整人的悲剧。1930年1月30日，苏共中央政治局通过《关于在全盘集体化地区消灭富农经济的措施》，消灭富农运动全面铺开。苏联政府向农村派出大批城市工人，这些人大多数是党的积极分子和共青团员，1929年秋，向乌克兰农村派出大约1.5万人，1930年1月达到4.7万人。不久，又从俄罗斯抽调大量工人到乌克兰农村镇压富农。富农们被剥夺财产，流放到人烟稀少的西伯利亚和北方做苦役。20世纪30年代，乌克兰约有85万人被强迫迁到北方，许多人惨死途中，很多青壮年被流放到西伯利亚。在这场运动中，富农阶层陷入了悲惨绝望的境地，屠宰牲口，烧毁农业设施，破坏农业生产工具的事件屡屡发生，给乌克兰农业经济发展造成了严重的不良后果。消灭富农运动在乌克兰消灭了总计30万～50万富农。

逐年加码的高征购指标

1928年，苏联中央提出国民经济第一个"五年计划"，计划核心是加速实现城市工业化、农业集体化，在苏联实行计划经济体制。要实现上述目标，苏联需要出口大量粮食换汇，进口工业设备。当时，苏联仍是一个只输出农产品、输入机器装备的落后的农业国家，农业是苏联积累工业化资金的重要来源。为了增加出口量，苏联政府在乌克兰实行掠夺性的粮食征收。

20年代中期，许多农民不愿意按政府规定的价格出售粮食，国家的粮食征购工作遇到了困难，为了解决粮食的供需，苏联政府轻率地沿用驾轻就熟的行政手段。为确保收购足够多的粮食，苏联政府要求各级政府成立征粮队，强行向农民收购粮食。

1927年12月15日，苏联中央给乌克兰下达的征粮指标是2.65亿普特（沙皇时期俄国的主要计量单位之一，1普特≈16.38千克）。1928年，乌克兰向苏联政府交粮2.72亿普特，占该年度全苏联粮食征集数量的42%。在粮食征集过程中，征粮队除了征收小麦和玉米外，还征收其他的农副产品。进入30年代以后，乌克兰的粮食产量连年减少，而中央下达的征粮指标却不调整。

农民在交粮食的同时，还要交纳各种名目的税。苏联当时实行三种税收农业税、直接税、义务交售农产品。国家常常超规定收税，许多农庄无法完成任务、农民的负担超重，但即使在这种情况下，苏共中央也没有想办法减轻农民负担，而是强化征粮力度。

1932年8月16日，苏共中央政治局给乌克兰的征粮硬性指标是：集体农庄上交475万吨粮食；个体农户上交108万吨粮食。为完成中央下达的征粮任务，乌共中央于11月18日通过了关于强化粮食征集措施的决议。这些措施是：实行武力征粮；关闭所有的国营、集体办的商店，没收一切粮食储备；禁止私人和农庄进行粮食交易；停止发放贷款、预付和支付现金；禁止一切团体和个人向农庄收购粮食。

上述措施在乌克兰当时385个区中的88个区实行，给乌克兰农民带来了灾难性的后果。征粮队在具体执行上述措施时有过之而无不及，他们对农户缺粮少种子的现实视而不见，用武力从农民手中抢走160万吨粮食，占农户总储备粮的76.2%，他们搜尽了农户手中的最后一点粮食，付给农民的粮款极少，只相当于粮食价的4%~5%。

1932年冬季至下一个收获的季节，一个五口之家的农户只存有80公斤粮食。农民只好宰杀牲畜，用树叶、树皮来补充粮食的不足。由于食品严重缺乏，大批人因饥饿而死亡。在长达22个月的饥饿中，农民们几乎没有见过面包，农村经历了罕见的贫困，变为一个个废墟。

饥荒时苏联政府拒绝施救

　　早在1931年1月,乌克兰就有271个区向乌共中央报告了实施粮食征集制带来的不良后果。1932年2月10日,乌克兰农民联名上书斯大林,报告乌克兰农村缺少粮食的情况。同时,乌共中央第一书记科西奥尔在1932年全乌共产党第三次全会上正式宣布乌克兰食品严重不足,并向斯大林通报了乌克兰农业情况很糟的现实,但这一切均没有引起政府的重视。1932年7月,乌克兰的粮食储备情况已引起乌克兰领导人的不安。1932年11月,苏共中央向乌克兰下达命令,集体农庄在没有完成上交国家粮食定额之前,不得向农民发粮食。哈尔科夫州第一书记罗曼·捷列霍夫在1933年1月中央全会上亲自向斯大林汇报了乌克兰发生饥荒的情况,基辅军区司令员也亲自出马要求中央给予援助。但是,苏联政府没有向乌克兰提供任何食品帮助,更没有采取措施消除饥荒,或减轻饥荒所带来的后果,而是继续大量出口粮食。当饥荒在乌克兰蔓延时,苏联政府不仅不寻求国际社会的帮助,同时拒绝各国的非政府组织提供的援助。

　　另外,苏联政府采取各种强制性措施,封锁消息,动用武装力量切断公路和铁路交通,颁布一系列命令,禁止饥民逃离饥荒区外出谋生。如1932年8月7日发布关于保护社会主义财产、禁止居民收集仓库附近和火车站附近的丢弃食品的命令;

1933年3月17日和9月13日发布的关于禁止农民擅自离开集体农庄外出找工作的命令；1932年12月4日发布的关于建立国内护照制和饥荒受害人不得擅自迁移的命令。上述做法进一步加深了饥荒的局势，造成了更多的人员死亡。1933年春，仅在基辅州的16个区内就发生了123起人吃人和吃死尸的事件，俄罗斯历史材料里记录了上千件吞吃亲生子女的事件，许多农庄变为废墟。

苏联政府为遮盖事实真相，从俄罗斯等地向无人村移民。1933年春天，苏联政府开始从俄罗斯向乌克兰大规模地移民。很多移民在目睹了饥荒造成的惨状以后，又离开了乌克兰。

这次大饥荒给乌克兰民族带来了毁灭性的打击。根据莫斯科历史档案馆馆长扎皮林于1989年发表的档案材料，1926年乌克兰的登记人口为2890万人，1937年的登记人口仅2840万人。10年间不仅没增加，反而减少了。据苏联官方的人口统计，1935年乌克兰的登记人口为3190万人，其中农村人口为2470万人，与1937年相比，人口减少350万。1933年，全乌克兰出生人数为40.7万人，死亡人数为185.3万人，死亡人数超过出生人数的3倍多。这种状况自1933年6月开始，持续了一年半之久。

而在以后的10年内,乌克兰一直没有摆脱人口负增长的危机。1927～1931年,乌克兰平均死亡人数为260万人,如果不发生饥荒,1932～1933年的死亡人数应保持在这一水平上。但实际上,1932～1933年平均死亡人数为400万人。1933年,乌克兰死亡人数为500万人,其中290万死于饥饿。

1932～1933年发生的悲剧本来是可以避免的,因为乌克兰1932年的收成虽不如去年,但粮食产量仅比1926～1930年平均产量低12%,居民的食品应毫无问题。但是,国家有组织地剥夺了居民维持生存所必需的粮食,这是一场人为的悲剧,震撼人心。2010年1月,乌克兰基辅上诉法院认定,苏联领导人斯大林、莫洛托夫、卡冈诺维奇"亲自策划"大饥荒,"蓄意"对乌克兰民族实行种族屠杀。

编辑:李彦

路易十六 vs 路易十四

文／萧乐

回首法国发展的历史，其王朝经历了一次又一次的改革，换了一位又一位的君王。其中路易十四和路易十六是法国发展历程中举足轻重的国王，然而作为非常时期的国王，因治国方式和态度的不同，两个人的最终命运也截然不同。

回首法国发展的历史，其王朝经历了一次又一次的改革，换了一位又一位的君王。其中路易十四和路易十六是法国发展历程中举足轻重的国王，然而作为非常时期的国王，因治国方式和态度的不同，两个人的最终命运也截然不同。

路易十四

"专制统治最完美的化身"

——路易十四

路易·迪厄多内·波旁（1638年9月5日~1715年9月1日），是法王路易十三的长子，出生于法国圣日耳曼昂莱。1643年，继任法兰西国王之时，还是个四岁的孩子，他的母亲安娜代他执政，直到1661年红衣主教马扎然死后他才开始真正亲政。一直到1715年去世为止，实际执政54年，是世界上执政时间最长的君主之一。他是与康熙同时代的西方大帝，被尊称为"太阳王"。

因路易十三时代贵族势力的不断强大，路易十四亲政时，国王的权威被削弱。所以，他上台后，在法国建立了一个以他为中心的、巴洛克式的专制王国，把国王的权力发展到顶峰。他用"君权神授"来为王权至上制造理论依据。所有的权力都集中到他手中，所有的事情他都亲自过问。他并着手打击高等法院的势力，将一些法官流放。在其统治下，没有首相，不开三级会议，甚至还取消了高级法院对国王大赦的指摘权。他亲自去法院撕毁投石党的议事记录，宣称了为后人所熟知的"朕即国家"信条。

为了加强君主的权力，在政治上，路易十四对贵族实行高压政策，对敢于反叛的外省贵族无情镇压；向各省派驻司法、警察和财政监督官，并把各省军队的调度权控制在中央手里；在经济上，推行重商主义，鼓出限进，大力发展工商业，导致各个国家效仿，引起商业竞争，不利于社会经济发展；在思想上，他坚信，一个国家的宗教应该绝对统一，因此要求全体臣民一律信奉天主教。并完全推翻法国国王亨利四世于1598年颁布的宽容的南特赦令，对新教教徒施加压力，摧毁胡格诺派的教堂，关闭新教的学校，导致许多胡格诺派教徒不得不逃到国外。

为了满足他的政治和经济要求，建造了凡尔赛宫。凡尔赛宫的建造是路易十四集中政治权利的策略之一。1682年5月6日，他搬进这座位于巴黎城郊的巨大的宫殿。从此在宫廷里掀起了一股"金光四射"的奢华之风，这股风气吹遍了整个法国大地。富丽堂皇的宫殿里没日没夜地举办极尽奢华的宴会，把各地大贵族宣召进宫，侍奉王室。一周三次在套间内集会，受邀大臣们来套间享受各种娱乐。宫廷的规矩迫使贵族为衣装付出巨款，他们从早到晚都得待在宫殿里参加舞会、宴席和其他庆祝活动。这一情况遭到许多大臣相当激烈的批评，但路易十四对这一切置若罔闻，并在接下来的十年间向这个工程投入了一百多万镑。在这里，达到了他专制统治的目的。他将整个法国的官僚机构紧紧地稳在他周围，尤其是那些好战的贵族和潜在的反抗分子,让他们忠于国家,忠于国王。将贵族变成他宫廷中的一员,削弱他们作为地方官的实质性权力,使他们完全掌握在自己手中。

路易十四是一位十分好战的国王,依仗法国军队的强大和几位叱咤风云的将军,在统治期间发动了四次较大的战争,扩大了法国的疆土:1667年至1668年,同西班牙的遗产继承战;1672年至1678年,同荷兰的战争;1688年至1697,与奥地利皇帝为首的奥格斯堡同盟的九年战争;及1702年至1713年的西班牙继承权战争,此外,还参与了西欧国家掠夺海外殖民地的竞争,在印度、路易斯安娜、加拿大和西印度群岛扩大殖民地侵略。1685年,他还颁布了"黑法",允许在法国所有的殖民地贩卖奴隶。

在其统治期间,由于常年征战,大肆修建凡尔赛宫,官僚机构的贪污,以致法国负债累累,平民百姓在苛捐杂税压迫下生活得非常贫困。民众起义,军事失败,国库空虚,农业凋敝,工商业破产,王权削弱,民心丧尽,封建专制制度日趋衰落。虽然"太阳王"路易十四时代的法国相对稳定,但没有民主制度保障的"强国"是虚幻的,他所加强的是一个上层对下层平民拥有无限权力的旧制度,这个制度已经腐朽,绝不可能维持长久。

路易十六

在路易十四77年的生命当中,有54年统治着法国,最后留下的是一个几乎亏空殆尽的国库和人民的哀怨声。他是专制统治最完美的化身,他在回忆录中声称:"构成国王的伟大和尊严的不是他的手中的权杖,而是他的手执权杖的方法。由臣民来决定一切,君主只是受到人们的尊重,这就歪曲了事物的面貌。唯有君主才有权考虑和决策,其他人的职责只不过是执行君主的命令而已。" 1715年,曾称雄一时的路易大帝在人民的一片怨声中死去。他的死标志了一个时代的完结,伏尔泰称之为路易十四时代。

"生性温和立志改革的小人物"

——**路易十六**

路易·奥古斯特·德·波旁(1754年8月23日~1793年1月21日),是路易十五之孙,法兰西波旁王朝复辟前最后一任国王,也是法国历史中唯一一个被处死的国王。

相比"朕即国家"的路易十四和"我死后哪管他洪水滔天"的路易十五而言,路易十六是最开明的。他不暴虐,在更为宽广的视野和历史中看待此人,曾有"激进改革家"或"忽然改革家"的名声，试图改革，以挽救国家危亡。"我们的教科书中总是说，路易十六跟贵族、教士们一起想尽各种方法压榨平民，终于引起了人民的反抗，造成了一场轰轰烈烈的大革命。"这是传统革命史学家关于这一问题的说明。有位英国剑桥大学近代史讲座教授对这位国王的分析："正是他（路易），迈出了与法国人同心协力建立一个稳固政体的第一步；正是他，取消了专断的权力，取消了税收方面的特权，不再根据功劳之外的标准提拔官员，也不再实行未经同意即行征税的惯例。"

路易十六是1774年即位的，此时的法国，经过自称"朕即法律、朕即国家"的路易十四的高度专制、"我死后哪管他洪水滔天"的路易十五的荒淫挥霍之后，就像一个用力过度的发条，已经松弛下来了。他所承继的是一个自路易十四时就已达到空前鼎盛的专制的王朝，国王的权力被看作是上帝的代表和化身。国王在其诏书中都要宣称自己是"按照上帝的安排，法兰西和纳瓦尔的王"。在神授权力的名义下，国王拥有一切权力。专制体制对人的漠视、对人的权利的剥夺在力度上和在方式上的横暴是空前的。在这样的体制下，居于法兰西底层的第三等级承载着整个国家的重负，却享受不到任何政治权利。税收负担全落在贫困者身上，使他们怨声载道。同时，官僚制度充满惰性，政府人员腐败懒散，行政管理庞杂而且混乱。路易十六认识到对举国怨恨的"旧制度"必须进行改革，而改革的首要任务是要解决国家的财政危机，他决意借财政问题向贵族开刀。这种改革，是前所未有的一项举动，关乎国家前途。

具体来说，他建议取消一切奴役，一切特权。在法律上，取消拷打逼供，给被告人辩护的权利；在政治上，让所有人都有人身安全和言论出版自由，让人民能够获得政治权利，参与国家的政治生活；在宗教上，反对宗教迫害，实现宗教自由；在经济上，免除农民的徭役，取消省界的壁垒，废除贸易的关卡，振兴工业的发展，最重要的是让贵族和僧侣同第三等级享受一样的税率。但是这项改革计划由于受到特权阶级的反对而无法推进。路易十六先后任用杜尔哥、内克等为财政总监，企图进行改革，将希望寄托于贵族们与国家共渡难关，并主动放弃自己的一些权益和利益，可是特权阶级对此不屑一顾，甚至坚决反对。在走投无路的情况下，路易十六只好同意在第二年的五月召开三级会议。他万万没想到此举反而促成大革命的提早到来，导致自己被送上了断头台。1789年5月，国王召集三级会议，表示希望能够在现有的体制和程序内解决问题。随后，贵族阶级拒绝合作。第三等级纷纷要求限制王权，废除王政，实行改革，实现共和，但君主立宪派则主张维持现状，保留王政。双方展开了冲突。巴黎人民于7月14日起义，攻占了法国象征封建统治的巴士底狱，法国大革命爆发。

关键时刻，温和的路易十六选择了不与民众对抗，于是被暴动的民众押回了巴黎，被软禁在杜伊勒里宫中，成了"革命之囚"。到达巴黎时，路易十六的马车穿过人群，人们没有脱帽致敬，而是以死一般的寂静表示内心的愤慨和鄙视。1793年1月的一天，法国巴黎协和广场的人潮汹涌，气氛欢腾、激昂。国王路易十六的手臂反绑在背后，被押上自己设计的断头台，在人民的欢呼中，人头落地！不过，直到临死前，他仍坚称自己无辜。在生命的最后几分钟里说的一段话被永远载入史册："我虽然得死去，但绝没有犯过任何指控我的罪行。我宽恕造成我死亡的人，我还要祈求上帝，在我的鲜血抛洒之后，在法国的土地上再也不流血了。"

专制强权的路易十四在位整整54年，昏聩无能的路易十五竟也在位59年，而温和善良、愿意改革、生性温和的路易十六，历史留给他的时间竟只有15年！他要通过财政改革取消上层阶级的财政特权，恢复被历代国王废止了160年的三级会议，把全国几百名代表请到凡尔赛来"共商国是"，这些是之前的专制统治者所做不到的。在法国著名历史学家米涅的笔下，路易十六没有任何野心，他可能是唯一没有权力野心的国君，唯一具有一切好国王所应有的敬畏上帝和爱百姓这两个优点的国君。在这一改革的过程中，改革计划所遇到的阻力是他所意想不到的，也是他未能加以克服的。他头脑清楚，心地正直、善良，在革命者的步步为营面前，一次次的对民众妥协、让步，没有真正实施武力镇压。而实际上如果不惜代价从一开始就坚决抵抗，他甚至有可能在有生之年保住王位。这些都可以说明他是一个比较开明的国王，人们还能期望一个旧时代的君王做些什么呢？

作为这个时代旧势力代表的国王路易十六，一直承受了历史的责备。改行仁政和继行暴政都是困难的，因为，要改革，就要有力量使贵族特权阶级服从改革。而作为一个温和敦厚的小人物，他不愿意有更多的流血，始终没有对革命采取贵族所坚持要求的最强硬手段，因此被坚持王权观点的人所唾弃。他们责备他被暴民吓破了胆，没有履行一名国王的职责。而他深知革命的力量不是他所能抵挡得了的，面对群众的怒火，一再作出让步。米涅说，路易十六，以他的胸怀和品德来说，是最适合于他那个时代的。当人们对独断专制的政治体制不满时，他就自愿地放弃这种专制的做法；当人们对路易十五的荒淫挥霍感到愤恨时，他能够品行端正，生活俭朴；人们要求作一些必要的改革时，他也能够体察公众的需要并立意要给予满足。作为一名坚信君权神授的国王，他对危害王权的革命进行了本能的抵制，于是被指责为耍阴谋。最终，作为专制制度的象征，他被送上了断头台。法国大革命开创了历史的新纪元，但路易十六成了祭品。正如一个君主因拒绝改革而遭到毁灭的结局那样，他是由于尝试改革而毁灭的。他的人生注定是一场悲剧。

编辑：李影

舊聞新知

"为人民谋利益"的农民起义

黄巢起义:一场国家内乱

"为人民谋利益"的农民起义

文/华一

> 黄巢起义打击了地主阶级，抑制了土地兼并，使农民获得土地，提高了他们的生产积极性，为宋代经济繁荣开辟了新路。

"唐朝后期，土地集中在少数贵族和官僚中，许多失去土地的人民成为流民，而统治阶级却过着奢侈的生活……唐僖宗初年，黄河中下游又发生了旱灾，农民以草籽、槐树汁充饥，而官府照旧催租逼税，广大农民被迫走上反抗的道路。

"黄巢领导的农民起义给唐朝统治以致命的打击。这次起义历时十年，行军数万里，席卷大半个中国，这在过去的农民起义中是没有出现过的。"

出自上海中小学教材编审委员会（一九九二年第一版）

古人云："得国易，守国难。"每至王朝后期，社会黑暗，政治混乱，百姓生活苦不堪言，此时一批批"正义使者"为百姓揭竿而起，推倒王朝统治。

僖宗时翰林学士刘允章指出唐朝末年国有"九破"，民有"八苦"。而由黄巢

《黄巢起义军入长安》（局部）

发起的黄巢起义是中国历史上的一场相当重要的农民起义运动。历史教科书中评价，黄巢起义是推翻封建统治的革命行径；是对王仙芝起义的延续；是唐代历史上规模最大的农民起义，直接打击了唐朝政府的腐朽统治，冲击了封建最高统治者，导致唐末国力大衰，加速了唐朝的灭亡。

黄巢起义虽然最后以失败告终，但却建立了"平均、平等"口号，激励了后世农民的反抗斗争，并使士族门阀"丧亡且尽"，土地集中和农民逃亡的问题因而缓和，更为以后王朝经济的发展提供了有利条件。

"天补均平"，农民起义新阶段

黄巢领导的农民起义虽然失败，但它具有深远的历史意义。领袖以天补平均大将军、冲天大将军为号召，反映义军具有模糊的平均、平等要求，标志农民起义已进入一个新的阶段。

公元874年，王仙芝在河南长垣县东北聚众起义，自称"天补平均大将军兼海内诸豪都统"，发布文告，号召人民起来推翻唐朝。第二年夏天，黄巢在曹州冤句（今山东曹县北）率众响应，举行起义。起义军一开始就提出了改变现状，以推翻唐王朝为目标的口号。

乾符五年（878年），王仙芝在湖北黄梅西北战死，尚让率余部奔安徽亳州与黄巢所部会合，推黄巢为黄王，号称"冲天大将军"，建立王霸，任命官署，斗争锋芒直指以"天"为象征的地主阶级政权。从此，黄巢成为起义军的最高领导人。两支义军会合后，势力又见壮大。

唐以前的历代起义农民，大都提出过反对封建王朝的口号，但都没有明确提出农民在政治上和经济上的平等要求。直到唐末，随着封建生产关系和土地私有制的进一步发展及阶级矛盾的深化，才有浙东裘甫起义改元"罗平"、铸印"天平"，建立了具有平均主义色彩的农民政权。

黄巢起义军实现"平均"的主要手段是夺取地主阶级的田地房产，并将财物分送给贫苦人民。如，起义军到福建罗源时，曾将亿万钱财送给当地群众。起义军进军长安时，也在沿途将财帛分给穷苦百姓，并占据了官僚地主的许多庄园。黄巢起义军的平等思想还反映在参加起义的文人皮日休的言论中。皮日休同情人民疾苦，揭露封建统治者"为富不仁"。因而他在《原谤》一文中公开认为：如果皇帝不好，老百姓即使把他掐死以至灭族，也不算过分。皮日休可说是一个具有农民平均主义色彩的思想家。

起义范围之广 影响之大

从878年2月起，黄巢率领起义军横扫淮河南北各地，并乘虚南下渡过长江，攻取虔州、吉州、饶州、信州和福州。农民军所到之处，焚官府，杀贪官、济贫农，得到人民的支持，队伍扩大到几十万人。公元879年10月，农民起义军攻克广州，活捉节度使李迢。起义军在广州休整两个月，补充了人员和武装后，挥师北上，开始了推翻唐王朝的北伐战争。

唐朝统治者无力派兵南下消灭起义军，由进攻转入防御，而农民起义军则掌握了战场的主动权。

同年11月大军在桂州（今桂林）集中后，农民起义军沿湘江向北经永州、衡州，直取潭州，消灭唐军5万人。并乘胜顺长江东下攻克鄂州，到安徽、浙江等地流动作战。公元880年，黄巢在江西信州集中优势兵力，突破长江和淮河防线，直取东都洛阳。唐东都留守刘允章被迫投降。12月，黄巢率大军至潼关城下，亲临前线，并以先锋尚让绕潼关背后两面夹攻。当地群众1000多人自动赶来挖土填壕，支援农民军。黄巢起义军仅用六天时间就攻下潼关，打开了长安的大门。起义军迅速向长安城挺进。

公元881年1月8日，唐僖宗带随从宦官仓皇逃奔四川成都。同日傍晚，农民军占领唐都城长安。16日，农民起义军在长安建立了新政权，黄巢做了皇帝，国号"大齐",年号金统。

从公元859年裘甫浙东起义开始,到公元884年黄巢起义失败结束,历经25年,席卷山东、河南、安徽、江西、江苏、福建、两广、两湖、陕西等12省,给唐朝统治以致命的打击。起义范围如此之广,这在过去的农民起义中是没有出现过的,更是农民战争史上的一个创举。黄巢更被后人尊奉为"为人民谋利益"的义军领袖。

士族门阀"丧亡且尽"

自魏晋南北朝以来,士族门阀一直垄断政治,享有各种特权。经过隋末农民起义,士族门阀制度并未被彻底摧垮,而唐末农民起义使残存的士族门阀"丧亡且尽"。

早在青年时代,黄巢因多次参加进士考试不第,对门阀士族地主垄断政权的状况就十分不满。后来,农民起义军到处打杀官僚士族地主。攻占广州时,黄巢以"百万都统"的名义发表了北伐的政治宣言,提出了"禁止刺史殖（聚敛）财产,县令犯赃者族（灭族）"的具体政治主张。

此外,黄巢在称帝前夕,又杀尽了李唐王朝在长安的宗室。起义军还焚烧了唐朝的宗庙,毁掉了唐朝皇帝的祖坟,破除了封建皇帝宗庙陵寝神圣不可侵犯的迷信。黄巢起义军打乱了唐朝固有的封建秩序,贵族官僚地主大量被打杀,农民将领当上了大齐新王朝的高官。

士族门阀制度的彻底消灭，对五代十国乃至北宋时期的政治、经济、文化的发展起了积极的推动作用。在政治上，五代十国统治者选拔官吏不再讲究门第阀阅，而注重实际才能。政治开放了，许多出身寒门的才能之士就有可能走上政治舞台，如蜀相毋昭裔便出身贫家，这对政治的清明有很大关系。在经济上，五代十国统治者重视商业，他们自己也常经商，并在政治上拉拢商人。

其次，士族门阀制度被打倒后，工商业进一步发展，城市繁荣，源起于民间并在中唐以后发展起来的词、话本等文学形式，便大量出现于都市娱乐场所，尤其是词在宋代发展到了黄金时期。

黄巢起义打击了地主阶级，抑制了土地兼并，使农民获得土地，提高了他们的生产积极性，为宋代经济繁荣开辟了新路。它彻底扫荡了士族门阀制度，推动了五代十国和北宋政治、经济和文化的发展，它打破了唐末黑暗社会的僵死局面，使五代十国的统治者采取了轻徭薄赋和与民休息的政策，为社会由分裂向统一过渡准备了条件，它失败的经验教训成了后代革命人民有益的历史借鉴。

编辑：李彦

黄巢起义：一场国家内乱

文/华一

> 大乱起自山东，大江南北继之广遭劫掠，东南富庶地区，在此次大乱中也惨遭破坏；洛阳、长安又先后沦陷，全国骚动。唐朝重用黄巢降将朱温，勉强平定乱事，国力则从此衰竭。

黄巢雕像

"唐朝后期，政治日益恶化，受害最深的还是一般人民，动乱因此时有所闻。僖宗时，水旱灾加深人民的痛苦，终于爆发黄巢之乱。大乱起自山东，大江南北继之广遭劫掠，东南富庶地区，在此次大乱中也惨遭破坏；洛阳、长安又先后沦陷，全国骚动。唐朝重用黄巢降将朱温，勉强平定乱事，国力则从此衰竭。"

出自台湾国立编译馆主编的《国中历史》（民国85年第7版）

晚唐时期，黄巢发动的起义战争，10年之间席卷了大半个唐朝。战争中财物的大量投入，人口的急剧减少，给本身就摇摇欲坠的唐王朝以致命一击，使它在经济上濒于崩溃，政治上也发生了巨变，加剧了国家的混乱。

而在黄巢集团占领长安期间，并没有把黑暗腐朽的政权重新整理。在"享受权利"和"治理权利"的思想斗争中，黄巢集团更倾向于前者。黑暗腐朽的政权重新启动，这也违背了战争初期的"均平"宗旨。

唐朝国力从此衰竭

黄巢在冤句（今东曹县北）发动战争，10年时间，战火蔓延大唐半壁江山，切断了唐室的经济命脉大运河，沉重打击了唐朝的统治。黄巢集团落败后，唐朝又勉强维持了23年的国祚。资料记载，战争造成的死亡人数总计达830万人。

光启元年（885年），唐僖宗回到旧都长安。原本雄伟气魄的皇宫城萧条、凄凉地矗立在城中，繁华盖世已不复存在。"荆棘满城，狐兔纵横，上（僖宗）凄然不乐……时朝廷号令所行，惟河西、三南、剑南、岭南数十州而已。"

唐朝政府重新接手政权后，凄凉、破旧的宫殿已失去往日的威严，百姓生活贫苦，社会秩序混乱，整个大唐进入需要重新组建的时期。

但是国家的重新修复，需要大量的财力和人力。黄巢之乱后大唐中央对江南财源重镇失去了控制。唐朝史料记载，"军国度用皆仰江淮"。而失去财赋重地，使得大唐政府彻底失去了经济来源。大唐的人口也减少了大部分，一部分是战死或者屠杀；一部分是因战乱造成的饥馑、瘟疫而饿死、病死。

重新修复的难度可想而知。正如孙钦礼所说："农民起义和它引发的改朝换代型混战，一直是中国历史上的循环性浩劫。每个朝代早期都要花费巨大精力修复上次农民起义造成的伤口，然后是经济发展，然后是官吏贪暴并引发下一次农民起义。把国家的一切都砸个稀巴烂，然后进入下一个修复——发展——破坏的循环。这种循环的浩劫是：中国人的建设成果永远得不到积累，后代人不能利用前代人的建设成果，不能在更高的层次上发展更新。"

腐败政权回归，百姓遭殃

黄巢集团打着"均平"口号占领长安时，百姓夹道欢迎。"带给百姓黑暗灾难的皇权制度被消灭，新的政权产生，百姓将会过上好日子。"但这种美好的愿望并没有维持多久。

黄巢在建立大齐政权后，虽最初向百姓散发钱财，并宣称"汝曹但安居无恐"，但并没有把握好当时的政治形势，没有及时进行经济、文化建设，只有军队进行建设和粮草的征收。而黄巢只是忙着庆贺、登基、接手皇帝应有的一切权力。

新政权的建设被黄巢的狭隘思想所扼杀，他们不想政权的未来，不想为什么要建立新政权，也不想去治理新政权。为了省事，大齐政权逐渐重新变回它所打败的大唐时期黑暗腐败的皇权统治，完全按照大唐以前的管理模式。

黄巢还把自己当作一支绿林队伍，对官商士子作血腥屠杀，甚至连中等产业之上的人家也成为黄巢军的掠夺对象。军纪败坏，没有约束力。对百姓随意欺凌，本来对新政权有一丝好感的百姓转而对新政权抱以万分失望。"扶羸携幼竟相呼，上屋缘墙不知次。南邻走入北邻藏，东邻走向西邻避。北邻诸妇咸相凑，户外崩腾如走兽。轰轰混混乾坤动，万马雷声从地涌。火迸金星上九天，十二官街烟烘焊。日轮西下寒光白，上帝无言空脉脉。阴云晕气若重围，宦者流星如血色。紫气潜随帝座移，妖光暗射台星拆。家家流血如泉沸，处处冤声声动地。舞伎歌姬尽暗捐，婴儿稚女皆生弃。"韦庄的《秦妇吟》很好地描述了黄巢集团在长安的所作所为。大齐政权下的长安百姓并没有效忠于大齐政权，大齐被长安百姓孤立起来。

政治巨变后的权力转变

从黄巢发动战争起到失败，唐朝的政治、经济一直处在崩溃的边缘。黄巢失败之后，皇权、朋党、地方诸侯三大势力争权不断。

国内的权力重心由以前的宦官集团转到了地方诸侯手中，在唐朝剩下的不长时间内，国内每一个实力派人物都在黄巢发动的这场战争中扮演过各式各样的角色，或曾经是黄巢手下，或是黄巢死敌，或是黄巢的俘虏，等等。而此时，随着黄巢集团的正式谢幕，这些实力派人物再也按捺不住自己迫切的心情，无不急匆匆地开始粉墨登场。

唐僖宗回到旧都长安，河中节度使王重荣和宦官田令孜两个人斗得不可开交。王重荣和李克用二人合力攻打田令孜，眼见李克用沙陀军逼近长安，田令孜大公公又秘密拥唐僖宗从开远门逃出，奔往凤翔。然而由于田令孜弄权，皇帝再次播迁，"天下共忿疾之"。而在田令孜"领着"皇帝在前面逃跑，后面有朱玫和李昌符被田公公利用而感耻恨，两人便合兵一起进攻宝鸡。追杀途中，两人怕日后被皇帝报复，半路遇见了唐肃宗的一个玄孙襄王李熅，便劫之回凤翔，拥立李熅为傀儡皇帝。于是唐朝再一次出现了两个皇帝，虽然都是傀儡，自此唐朝更加混乱。

之后，朱全忠与李克用因故不合，双方上至朝廷，下至藩镇，都斗争不断。公元888年唐昭宗继位后,宰相崔胤与宦官韩全诲争权。唐昭宗被宦官韩全诲幽禁,崔胤紧急召唤朱全忠入援。而韩全诲强迫唐昭宗投靠李茂贞,朱全忠于是率军围困凤翔。公元904年朱全忠杀崔胤,逼迫唐昭宗迁都洛阳,同年8月弑帝,另立昭宗子李柷为帝,即唐哀帝。朱全忠本想等统一后再夺取帝位,但因征淮南失利,于907年逼迫唐哀帝禅让。唐哀帝天祐四年(907年)黄巢降将、宣武节度使朱温篡唐,国号梁,史称后梁。

唐朝灭亡后,历史进入五代十国时期,政权更迭近百年,中国历史上又进入一个新的乱世。权位之争、兵戎相见,百姓的灾难再次上演。

编辑:李彦

最高级别的伪君子——王莽
勃列日涅夫：权力的幸运者
女总理季莫申科的囚徒路

最高级别的伪君子——王莽

文/陈文

王莽最终的结局告诉我们,一个拥有政治野心的人通过虚伪、欺诈和造假等手段来蒙骗大众,以求达到个人目的的人,必将会自食其果,被老百姓所抛弃。

王莽

王莽具有超人的智力、辩才和威严,但也有重大的缺点,诸如过度的自信,一味的复古以及猜疑部下等。王莽的行为有些伪,但西汉的伪风并不始于王莽,他不过承袭此风而扩充之,结果以伪获得名声并篡位之后,得意之余,乃至无往而不伪。

裙带的强大背景

王莽,字巨君,公元前45年出生在魏郡元城(今河北省大名东)。幼年时父亲王曼去世,很快其兄也去世。王莽因为父亲死得早,早年的家境比较他的那些叔叔伯伯们还是贫寒的。但是后来她姑姑王政君实在嫁得太好了,以至于娘家人想不飞黄腾达都难。

嫁给了谁呢?嫁给了汉元帝刘奭,说起来这其中还有些故事。王政君从小性格柔顺，很守礼节，时任廷尉史的父亲王禁有意想通过她攀附权贵。在王政君18岁时，就把她送到后宫掖廷，等待机会，看能不能得到皇帝的宠幸。

这样过了一年多，忽有一日，还是太子的刘奭所宠幸的一个女人死了。死前告诉太子，是被太子身边的其他女人暗中诅咒死的。这本是无稽之谈，但太子却信了。从此就决定原来的妃妾谁也不准再来见他。他爸宣帝知道这件事后认为这样下去刘汉宗室岂不绝了后，于是，安排皇后从后宫掖廷中挑几个给儿子送去。王政君恰好在这几个女孩子之中。

刘奭对皇后送来的这几个女孩子都不感兴趣。但又不想让老爸老妈扫兴，于是就随便说喜欢其中的一个。此时的王政君穿着得体，又离太子最近，皇后以为儿子选的是王政君，就把她留下来侍候太子。就这样，王政君幸运地被送入了太子宫。

王政君入侍太子刘奭，不久即怀孕，产下一男丁，取名骜。公元前48年，宣帝去世，刘奭登基，立3岁的刘骜为太子，王政君为皇后。公元前33年，刘奭去世，太子刘骜登基，称汉成帝，王政君则成了皇太后。

儿子登基后，王政君就安排朝廷任命胞弟王凤为"大司马大将军领尚书事"，相当于武装部队总司令兼政府首脑，总揽朝廷一切军政事务。公元前27年，王政君的五个同父异母弟弟同时封侯，他们是：王谭、王商、王立、王根、王逢时，史称"五侯"。

汉成帝在位的二十多年（公元前32年至公元前7年）间，王家的势力迅速膨胀，无人能及，搞得政治腐败，经济崩溃，民怨沸腾。

虚伪的仕途之路

西汉时期虚伪欺诈之风盛行。刘骜称帝以后，从官场到社会上，到处弥漫着一种虚伪的风气。利用虚伪成为了当时的社会风气。同时，虚伪更是得到了体制的认可和鼓励。上至王侯公卿，下至贩夫走卒，人多讲究实惠，人际间的交往处处充满了现实、势利和算计。

从王莽记事开始，看到的就是族中之人多为将军列侯，生活侈靡、声色犬马、为所欲为。王莽因其父死得早，没有声色犬马的条件。但是周围的环境，却使他养成了既克己恭敬、勤俭朴素，又心高志大、自我奋斗的性格特质，也使他练就了一套虚伪欺诈、投机钻营的本事。

王莽拜当时的名儒、沛郡（今安徽淮北市西）人陈参为师，刻苦学习《礼经》。他勤奋好学，为人谦恭，穿戴言行处处像个儒生。在家里和家族里，他毕恭毕敬地侍奉寡母和寡嫂，无微不至地关心抚育亡兄留下的侄子，小心翼翼地讨好各位有权有势的伯父叔父，从没有半点违拗。在社会上，他轻财重友，广交名人儒士。

公元前22年，也就是汉成帝阳朔三年，权倾朝野并担任"大司马大将军领尚书事"的王凤病了，王莽敏锐地看到，并且毫不犹豫地抓住了这个机会。于是，一连几个月，王莽毕恭毕敬、尽心尽力地在王凤府上侍候王凤。王凤病重，每次药煎好了，王莽都是亲自尝过才端上。他时刻不离病榻左右，头发顾不得梳理，衣服顾不得换，连脸也顾不得洗。这一手还真管用，王凤很受感动，其他的伯父叔父也都称赞。王凤临死前，托付姐姐王政君和外甥成帝，这个年轻人应该重用！

于是，王莽踏上仕途，首先当上了黄门郎，相当于朝廷办公室副主任。不久，他又被提拔为射声校尉，是掌管宿卫京城的弓弩兵的将军。公元前16年，王莽又被封为新都侯，并担任骑都尉、光禄大夫、侍中的职务。这都是重要职务。

王莽身居高位后，仍然谦虚谨慎，最终在公元前8年，在王根的力荐下，王莽如愿以偿接任大司马大将军、领尚书事，辅政成帝，成为除成帝娘俩儿之外最有权力的人。这一年，王莽38岁。

公元前7年，汉成帝亡，汉哀帝即位。汉哀帝很不喜欢王氏外戚，王莽被免了职，离开了京城，回到了自己在南阳新野的封地。

公元元年，在位仅6年的哀帝去世了，才26岁。王政君亲自来到未央宫收取皇帝的印玺，接着又立即派人召王莽入宫，让他控制住朝政。王莽随即入宫收取印信，哀帝无子，姑侄俩又紧急商议，从刘氏子孙中挑个年龄小、好操纵的来登大位，称为平帝。王政君以太皇太后的身份临朝听政，王莽则处理朝廷大小事务。

如愿地登基为帝

王莽重掌朝纲后，独揽大权，为所欲为，不断向太皇太后索要更尊贵的名号。他一方面慷国家之慨广施恩惠，到处做沽名钓誉的事情；另一方面又结党营私，排斥异己，把亲信爪牙全部安排在重要岗位上，层层控制政权。

王莽不断大搞"附顺者拔擢、忤恨者诛灭"等一系列勾当，事后痛哭流涕地装出一副迫不得已而为之的样子。

王莽的大儿子王宇一向对老爸的做法不满，王莽亲自安排把王宇铐进监狱，责令他饮毒酒自杀。这时王宇的妻子正身怀六甲，王莽不顾多人哀求，也把她打入死牢，安排待她分娩之后立即处死。

公元元年，王莽指使心腹上奏王政君，说他治国理政的功绩比得上周公，至少应该得到像萧何、霍光那样的封赏，应该尊他为"安汉公"。王政君就采取了一个两全其美的办法，一方面尊重王莽的意见不加封他土地，另一方面让群臣商议筹办"九锡"的礼典。所谓"九锡"又称"九锡之命"，相传是古代朝廷赏赐给大臣九种物品或待遇，是国家对个人的最高奖赏。但是，由于王莽为人太虚伪奸诈，从此以后，"加九锡"这本属褒义的礼典被认为是历代权臣阴谋篡位的前奏，对谋反真正有想法的权臣避之犹恐不及。

公元3年，王莽更是变着花样儿把自己年仅十多岁的女儿嫁给平帝当媳妇，立为孝平皇后，自己又摇身成为国丈。公元5年，平帝已经14岁了。王莽利用腊月"上椒酒"祝寿的机会，在酒里下了毒，毒死了平帝，他从宣帝的玄孙辈中挑选年仅两岁的刘婴为帝。

之后，武功县（今属陕西）县长孟通在清理水井时挖出一块上圆下方的白色石头，上面写着一行红字"告安汉公莽为皇帝"。王莽安排心腹立即把这一重大发现报告太皇太后。王政君起初本不同意，奈何王莽羽翼已成，无奈地下令王莽"居摄"。王莽摄政后，改年号为"居摄"，史称"假皇帝"。

公元8年，很多地方出现了王莽应该当真皇帝的符命，一个名叫哀章的投机者精心伪造了一个铜柜，里面放上一份金书简。书简的正面是"天帝行玺金匮图"，反面是"赤帝行玺某传予黄帝金策书"，刻有汉高祖遗命"王莽为真天子"。还附有一份大臣名单，其中有8位在任大臣、哀章本人和他捏造的王兴、王盛等共11人。

哀章来到汉高祖刘邦的祀庙，把它交给那里的负责人，说是不知什么时候上天赐予的东西。该负责人立即报告王莽。王莽如获至宝，次日清晨就来到高庙，拜受这铜柜金书。然后，他迫不及待地拜见太皇太后，说自己将承天命代汉为帝，逼她交出了传国玉玺。

很快登基大典开始了，场地设在未央宫前殿，十分隆重。王莽宣布大赦天下；太皇太后王政君为"新室文母太皇太后"，太后（王莽的女儿）为"黄皇室主"，以表示与刘汉绝婚，均除去汉朝的封号；立妻子王氏为皇后，第四个儿子王临为皇太子；孺子刘婴为安定公，以平原（今山东平原西南）等五个县百里之地、万户之民为封邑。至此，王莽实登上了帝王宝座。

同时，他也付出了昂贵的代价。王莽有四个儿子。其中，老大和老二被逼自杀了，老三吓疯了，只有立老四王临为太子。妻子王氏早就哭瞎了双眼。登基大典上，他亲自拉着年仅5岁的刘婴的手，痛哭不止，泪流满面，哽咽着说："当年周公辅政，成王长大后便还政了。我本来也想效法周公，无奈天命难违，不登皇帝大位不行啊！"

利己的"欺民新政"

王莽篡汉后，为了证明新朝政权是承天受命的合法政权，为了最大限度地获得老百姓的拥护，企图通过复古西周时代的周礼制度来达到他治国安天下的理念，于是仿照周朝的制度开始推行新政,史称"王莽改制"。

王莽在始建国元年宣布的政策是:将天下田改名"王田",以王田制为名恢复井田制;奴婢改称"私属",与王田均不得买卖。其后屡次改变币制,更改官制与官名,把盐、铁、酒、铸钱及山林川泽收归国有。但由于这些政策只求名目复古,很多都是与实际情况相违背的,而且在推行时手段和方法不正确,在遭到激烈反对后,又企图通过严刑峻法强制推行,使诸侯、公卿直到平民因违反法令而受重罪处罚者不计其数,加剧了社会的动荡。人们未蒙其利,先受其害,各项政策朝令夕改,使百姓官吏不知所从。

王莽对边疆少数民族的境外政权也采取了一系列错误政策。他胁迫羌"献"出青海湖一带的土地设立西海郡,以便与国内已有的北海郡(国)、南海郡、东海郡合起来凑全"四海"。为了使这块荒地像一个郡,必须强制移民,于是增加了五十条法令,以便增加成千上万的罪犯,满足移民的需要。为了这个西海郡,已然招来了不满。

王莽要匈奴改为"恭奴"、"降奴",将"单于"改为"善于"、"服于",改"高句丽"为"下句丽"。他又轻率地决定动用武力,不仅导致边境冲突,还使数十万军队长期陷于边疆,无法脱身,耗费了大量人力物力,造成了边境战乱不绝。

后来,王莽更是掀起了空前绝后的改名运动,无论地名、官名、建筑名,差不多都改了，而且还任意调整行政区划和行政部门的职权。这样改一次已经够折腾了，王莽却一改再改，有的郡名一年间改了五次，最后又改回到原来的。官吏和百姓根本记不住，所以每次颁发诏书和公文，都要在新名后注旧名。不但影响效率，造成浪费，而且造成官民心理上的厌恶。

王莽的一系列改制，不仅没有解决西汉末年以来的土地兼并以及流民问题。相反，由于他兴师动众讨伐匈奴和周边少数民族，大兴土木，还大大加重了老百姓的赋税、徭役负担，甚至造成成千上万的百姓死于非命。天灾人祸迫使百姓流落他乡，人相食的惨状史不绝书。面对这种现象，王莽无技可施，竟然异想天开，派人教流落关中的饥民"煮木为酪"。这样的生活，怎么可能让百姓不反呢？

可以说，王莽为了达到自己的目的不择手段。但由于他伪装得比较好，早先大家还看不清他的真面目。后来，他篡汉之后，大力推行的欺民新政，使大家终于看清了：他篡汉毁了刘家江山，他的新政则要毁了天下百姓！

最终王莽被起义军所杀，其舌头被人割下拿来吃。

编辑：陈威

勃列日涅夫：权力的幸运者

文／华一

他不像列宁那样孤僻、矜持，也不像斯大林那样残暴，不同于赫鲁晓夫的歇斯底里，更不是安德罗波夫那种"深不可测"。

勃列日涅夫

勃列日涅夫在后人的印象中是一个口齿不清、动作迟缓、言语木讷的政治领袖。从他当选为苏共中央第一书记的时候，人们普遍认为勃列日涅夫不过是一个过渡性的人物，他不可能在第一书记的位置上待得很久。但出乎所有人的意料，他在苏联最高领导人的位置上一待就是18年，执政时间之长仅次于斯大林。

他不像列宁那样孤僻、矜持，也不像斯大林那样残暴，不同于赫鲁晓夫的歇斯底里，更不是安德罗波夫那种"深不可测"。

勃列日涅夫所领导的苏联，进入了一个少有的、稳定祥和的"盛世"，没有战争，没有爆发革命，普通百姓可以享有免费教育、免费医疗、休假制度和退休养老制度。苏联经济在勃氏时期达到了巅峰，成为欧洲第一和世界第二经济大国，其军事实力足以与美国平起平坐。

而随着时间的发展，勃列日涅夫的政治平庸逐渐展现。制造个人崇拜、优柔寡断、缺乏胆识和担当，等等。晚年的他行动不便、语言表达不清楚时也紧握权柄，不言放权，这引起了国人的不满。

他领导的苏联"盛世"被人们遗忘，更多的人认为，他的这种稳定的执政理念，逐步导致国家政治生活和经济发展的全面停滞。

一帆风顺的升迁之路

我是在工人村长大的，从15岁进入工厂，并不断成长壮大，并接受锻炼的工人阶级活生生的见证人。

在苏维埃时代，劳动者家庭出身是被人引以为傲的。正如勃列日涅夫，在当年的社会是备受尊敬的世代无产者子弟。而他的成长和工作，没有多大的波澜，可以说是一帆风顺。上学、毕业、参加工作、当兵、机缘巧合下稳步升迁。

勃列日涅夫的故乡是工人村卡缅斯克耶，这里从1750年起就是第聂伯河流域一个远近闻名的手工业中心和码头。在19世纪以前，卡缅斯克耶是一个不知名的小村落。1887年，法国和比利时合营的南俄公司选中了此地，并兴建了乌克兰的第一座冶金厂。

他的祖父雅科夫·勃列日涅夫原是俄罗斯库尔斯克的农民，那时他带领全家来到了卡缅斯克耶，进入了工厂做工，他的儿子伊利亚也跟他进入了工厂。

勃列日涅夫的童年和少年时代都是在卡缅斯克耶度过的。1915年，9岁的勃列日涅夫被父亲伊利亚送进当时收费低廉的学校。但十月革命后，卡缅斯克耶冶金厂在内战中遭到破坏，6年后，拿到毕业证书的他，决定学习钳工和冶炼技术来解决家庭生活问题。他来到库尔斯克，并进入了那里的一所土地管理和土地改良技术学校，并结识了后来的妻子维克托利娅·彼得罗芙娜。

1927年毕业的勃列日涅夫，在乌拉尔的斯维尔德洛夫斯克州，做了3年的土地管理工作。1930年去莫斯科农业大学学习，那时他已是斯维尔德洛夫斯克市任乌拉尔州农业部副部长。但学习一年后，他告别了从事的农业工作，回到了老家。回到乌克兰后，勃列日涅夫在冶金厂做工，并同时在卡缅斯克耶冶金学院夜校学习，担任学院的工会主席和党委书记。1935年毕业获工程师的文凭，在卡缅斯克耶冶金厂当工程师。

苏联连续几年的"大清洗"运动，让当时的乌克兰中2/3的州以及领导人，1/3的市、区级领导人都遭撤换。这种历史条件为勃列日涅夫这一代在十月革命后成长起来的一批年轻干部提供了升迁的机遇。也正是在这种情况下，33岁的勃列日涅夫就被提升为州委主管宣传工作的书记，后来又主管州里的工业和国防工作。直到1941年的卫国战争爆发。

第二次世界大战中的1941～1945年，勃列日涅夫应征入伍，曾担任十八集团军政治部主任，先后获上校与上将军衔，他曾参加1943年进攻德军的塔曼战役中的"小地"之战。这是他一生引以自豪的事。战争结束后，1946年8月，勃列日涅夫任乌克兰扎波罗热州委第一书记。

1949年，赫鲁晓夫回莫斯科任市委书记，推荐勃列日涅夫任摩尔达维亚党中央委员会第一书记。接着在苏共第十九次代表大会上他被当选为中央委员，继而又成为苏共中央主席团候补委员与中央书记。从此，勃列日涅夫的政治地位发生重大变化，进入到高层领导核心。

政治产物还是能力打造

权力是作为命运的礼物落到了勃列日涅夫的身上。

进入高层核心的勃列日涅夫，升迁之路更为顺利，当然这些都离不开赫鲁晓夫的提拔。1955年8月,赫鲁晓夫派勃列日涅夫去哈萨克斯坦,担任共和国党中央第一书记,帮助赫鲁晓夫推动垦荒计划。第二年,在苏共二十大上,再次被选举为中央主席团候补委员、中央书记处书记。同年6月,勃列日涅夫晋升为中央主席团正式委员。

1960年5月,勃列日涅夫被任命为最高苏维埃主席团主席,成为国家元首。尽管这是个无实权的虚职,但享有很高的荣誉,并且有利于让他躲避党内、国内种种激烈的争斗,避开了很多政治风险。1963年6月,赫鲁晓夫又让他进入握有实权的中央书记处。

然而,勃列日涅夫的升迁之路并没有停止,许多人包括连续提拔他的赫鲁晓夫也没有想到,这位性格温和、"身材魁梧的美男子"同苏联党和国家最高领导人的职位联系起来。但就是这种幸运,1964年的一场"宫廷政变"让勃列日涅夫成为了苏联的最高领导人。

1964年,赫鲁晓夫计划在当年11月到12月的中央全会上主要讨论农业问题。在全会召开前,赫鲁晓夫于10月初到南方黑海岸边的疗养胜地皮聪大海角休假。但10月12日,赫鲁晓夫正兴致勃勃地和绕地球飞行的苏联宇航员通话之时,在首都莫斯科,一场推翻赫鲁晓夫的"宫廷政变"正紧锣密鼓地进行,苏共中央主席团的大多数委员在这一天召开会议，会议的主持人为时任苏共中央第二书记的勃列日涅夫。

密谋策划废黜赫鲁晓夫的行动早在1963年下半年就开始了，而勃列日涅夫是不是主要策划者一直是一个争论点。大多数的学者认为，波德戈尔内和克格勃负责人谢列平是这次密谋策划的头头，苏共中央书记苏斯洛夫和勃列日涅夫是参与者。因为在当时，有人要勃列日涅夫给正在度假的赫鲁晓夫打电话，勃列日涅夫竟"害怕得差一点昏厥过去，后来被别人强拉硬扯到电话机前"。当听说赫鲁晓夫知道了政变的消息时，他一下子扑到朋友的怀里，惊恐不安地说："全完了，赫鲁晓夫会把我们统统枪毙的。"

政变成功后，政变策划者们争执不下，谁都不愿让强势的对手得到最高权力。这时，勃列日涅夫的"优势"成为大家"能接受的人物"。他不具有年龄的优势，在党的机构和军队中也无根基；他也只是个理论家，只是按斯大林的老框框进行注释而已；性格温和、平庸，且他也没有当第一把手的野心。

当全部的人推选勃列日涅夫为苏共中央第一书记时，并不是因为大家承认他的领导才能，而是当时苏共领导集团中的各种力量为求得暂时的平衡而产生的结果。恰恰是勃列日涅夫这样一个显得比较平庸的人比较为各方面接受。有的人更是将他看作是一个暂时的过渡人物，准备等待时机取而代之。

1964年10月14日，在扩大的苏共中央主席团会议上，赫鲁晓夫被迫"自愿退休"。当天下午，苏联进入勃列日涅夫时代。

保守的18年执政生涯

伙计们，我终于熬到了这一天！

一开始，勃列日涅夫虽然当上了苏共中央主席团第一书记，但是在领导层中并未被承认。1965年底，波德戈尔内担任苏联最高苏维埃主席后，苏联被称为"三驾马车"当政，勃列日涅夫的地位仍未突出。

勃列日涅夫在执政最初的几年，依旧显得比较温和，他强调集体领导，领导核心相对稳定。采取比较稳健的领导理念，"尽最大可能保持继承性和避免'走极端'"，这也是他的"政治名片"和"杀手锏"。他先是废止了赫鲁晓夫时期进行的一些体制改革，之后谨慎地支持部长会议主席柯西金进行"新经济体制"改革。逐渐为斯大林恢复名誉，同时加强思想文化领域的控制。1967年，勃列日涅夫提出关于"发达社会主义社会"的理论。1968年，镇压捷克斯洛伐克的"布拉格之春"。这时的勃列日涅夫的执政情况转变，地位逐渐高居于其他领导之上。

从 70 年代起，他逐步把自己所信任的人提拔上来，成立了由"总书记助理"组成的亲信队伍，经常插手政府事务和过问外交工作。1971 年，他参加苏联部长会议讨论第九个五年计划指标，并打破先例由他个人签署公布。他的名字、照片、语录充斥苏联各种报刊。这时，他已改变了过去与柯西金、波德戈尔内共同参加重大活动的做法，独自一人观看苏军举行的"德维纳"军事演习，检阅演习部队，作总结讲话，扩大他在军队中的影响。经过长达 12 年的"集体领导"，他终于独揽党、政、军大权。1977 年 6 月，他兼任苏联最高苏维埃主席团主席，已经徒有虚名的集体领导最终解体。至此，勃列日涅夫成为苏联党政军名副其实的最高掌权者。

勃列日涅夫任职期间，苏联的经济实力和军事实力有所增强。1965 年至 1981 年期间，苏联国民经济固定生产基金增长 2.42 倍，社会生产总值增长 1.46 倍，国民收入增长 1.44 倍，工业产值增长 1.77 倍，农业平均产值"十五"计划期间比"七五"计划期间增长 50%。勃列日涅夫认为"发展重工业，过去和现在都是苏联经济政策的不变原则"，是完成一切国民经济任务的前提。为此，他把 85% 以上的工业投资用于发展重工业。他尤其重视发展军事工业，强调发展战略核武器和远洋海军。这使苏联军费开支不断增大,从 1965 年的 326 亿美元到 1981 年增至 1550 亿美元,即增长了 3.75 倍,占苏联财政支出的 1/3。

苏联国民经济增长率长期保持两位数,经济规模也保持世界第二,但其主要的消费品却长期短缺。苏联拥有当时世界最多的耕地,但粮食却连年歉收,不得不花大笔外汇进口粮食。苏联的宇宙飞船可以到达月球和火星,汽车却故障频出且耗油惊人;许多苏联百姓家里的家用电器陈旧不堪,电视机爆炸事件经常发生,很多人经常开玩笑说,苏联生产的电视机应当送给敌人。

勃列日涅夫力图完成它的前任未竟的事业:增强国力,开发宇宙,使自己的国家在一切方面——从尖端科学到体育事业在世界上争光。但他所做的只是"继承",并没有创新的思想,也没有去寻找新的动力。

晚年紧握权柄,不言放权

生活按照"在我之后哪怕洪水滔天!"的原则延续。

从 70 年代中期开始,作为特权阶层最高代表的勃列日涅夫的健康一直是人们议论纷纷的话题。当时勃列日涅夫已经建立了稳固的集权政治,他的健康状况的变化引起国家政治的巨大震动。

1968年7月底勃列日涅夫在任期内出现第一次健康问题，是在与捷克斯洛伐克代表团谈判时因激动过度而心脏病发作。一个月之后他的健康再次亮起红灯，一度出现短暂的昏厥状况。

1976年初，勃列日涅夫的健康恶化，处于死亡状态，被医生抢救过来，两个月没能工作。而这次患病的后遗症十分严重，他的语言能力受到了破坏，从此之后不能读较长的句子，更主要的是他的思维能力受到了限制，经常出现思维中断现象，已经没有能力去严谨地思考问题。

重病之后的勃列日涅夫，并没有表示要考虑为苏联寻找下一位接班人。他只是在他自己缔造的"第聂伯罗帮"的围绕之下，维持着自己的权力，享受至高的特权。这样，在苏联就上演了病夫治国的丑剧。

这个时期苏共中央政治局的成员逐渐老龄化，他们的平均年龄达到了70多岁。而这样老态龙钟的领导集团只能够靠他们的助手班子来工作，一切都要助手班子提出建议和写好稿子。勃列日涅夫得病后变得口齿不清，他的撰稿人要专门避开他不便发音的词。政治局的工作越来越不正常，越来越形式化。

随着健康状况的恶化，勃列日涅夫已经逐渐不能适应紧张的工作节奏，不得不缩短每天的工作时间。1976年2月苏共第二十五次代表大会时，长达4小时的报告对他来说已经力不从心，不得不进行中间休息。在此之后，他的工作时间逐渐减少，每天3至4个小时。虽然健康不好，但这几年，勃列日涅夫还是出现在重要的会议和电视镜头中，在公众的视线中逐渐老去直至死亡。而勃列日涅夫越来越差的身体状况，在苏联人心中已经不是同情和怜悯了，而是愤怒和嘲笑。

到了1981年，勃列日涅夫已经是严重的体力衰退。11月，在和盖·施密特会见时，勃列日涅夫险些摔倒，他看上去一天也支持不下去了。

1982年正是76岁的勃列日涅夫人生的最后一年。勃列日涅夫的身体已经承担不起他的所有工作。可是他并不在意，继续出现在人们的视线中。3月，在苏联工会第十七次代表大会上讲话；同月，在塔什干授勋大会上发表关于对华政策的讲话，并谈及对日关系问题；5月，会见黎笋，黎笋授予他一级胡志明勋章和越南劳动英雄称号；9月，会见访苏的印度总理英·甘地；11月，在克里姆林宫庆祝十月革命65周年招待会上发表讲话；11月10日，猝然去世。这时的勃列日涅夫才放下手中的权力。

在勃列日涅夫送葬的队伍中，他的灵柩后面跟随着一个由44人组成的高级军官队伍，他们手捧着勃列日涅夫一生获得的200多枚各种奖章和勋章！

编辑：李彦

女总理季莫申科的囚徒路

人物

文／陈文

当"游戏规则"变得清晰、明确而又权威可靠时,靠投机取巧而成功暴富并控制国家政治和经济命脉,显然就不那么容易了。对于治理寡头来说,实行依法治国无疑是铲除其生存土壤的"釜底抽薪"之举。

季莫申科

在她的一生中,正确的婚姻选择为她的未来铺平了道路,商界的发家历程为她穿上了"天然气公主"的外衣,一波三折的政途让她在世人面前展现出了她强大的内心和过人的政治手腕。她,就是尤利娅·季莫申科。曾两度出任总理,如今却身陷牢狱之中。

现代版"灰姑娘"

黑土地在世界上仅有三大块,除了中国东北外,还有两块分布在乌克兰大平原和美国密西西比河流域。乌克兰在历史上被誉为欧洲后方的粮仓。

"二战"后,乌克兰迅速恢复国民经济。到1946年,乌克兰随同整个苏联执行第4个五年计划时，尤利娅就在这样一个时代背景下出生了。因幼年父母离异，尤利娅与母亲相依为命，靠母亲微薄的收入在贫困线上度日。中学时，她是班里的尖子生，18岁那年考入第聂伯彼德罗夫斯克国立大学经济系。当时正值1978年。

生活在20世纪70年代末的乌克兰大学生是幸福的。在前苏联的计划经济体制下，政府给大学毕业生安排工作、分配住房，还给他们提供优厚的社会福利，大学生基本不用担心未来的生活。他们中的大多数人过着悠闲生活，每天下课以后流连于舞池酒场，豪饮乱舞，还有很多人忙着恋爱、约会，享受青春的快乐。

但尤利娅并不热衷于这样的生活。大学一年级的某天晚上，同班的女同学们几乎都去参加聚会了，尤利娅正在宿舍埋头验算一则经济报表的数额。突然，电话铃响了。电话并不是找她的，但尤利娅却与电话那头的男子慢慢地攀谈了起来。该男子名叫亚历山大·季莫申科，是乌克兰一豪门之后。之后，亚历山大便与尤利娅约会起来，一年后二人结婚，尤利娅变成了尤利娅·季莫申科。嫁入豪门后的季莫申科不仅没有放弃学业，反而读完了学士读硕士，又从硕士一直读到了博士。于1984年，在第聂伯彼得罗夫斯克大学取得经济学博士学位后，季莫申科顺利进入第聂伯彼得罗夫斯克机械制造厂担任了经济师。

成为"天然气公主"

在季莫申科为个人的事业而奋斗的同时,一场巨大的社会变动已经在苏联社会孕育、发酵,并改变几乎所有人的命运。

与她的公公一样,季莫申科也具有将经济利益与政治权力相结合的头脑。这使她在苏联解体所带来的巨大社会变动中迅速地发财致富。1989年,乌克兰开始允许办私人企业,季莫申科和丈夫在第一时间双双辞职,开办了自己的公司——"终端青年中心"。与此同时,季莫申科还逐渐接管了季莫申科家族的电影院和录像带租赁业务。在20世纪80年代末期的激烈局势变化中,季莫申科家族的生意不仅没有受到影响,而且越做越大,成为当地数得着的财富之家。

1991年,在正式"下海"不足两年的时候,年仅31岁的季莫申科又把经商的触角伸向了能源领域,成立了"乌克兰汽油公司"。仅仅3年以后,"乌克兰汽油公司"更名为"乌克兰统一能源公司",并垄断了乌克兰各地的天然气供应。由于公司利润丰厚,生意越做越大,季莫申科的知名度也越来越高,人们甚至开始用"天然气公主"来称呼她。到1996年,季莫申科已经控制了乌克兰的20多家大型企业、航空公司和银行,成为乌克兰名噪一时的女富豪,手中掌握了全乌克兰20%的国民生产总值。

首登政治舞台

20世纪90年代初，伴随着商业上的成功，季莫申科开始向政坛发展。1992年，季莫申科的公司成为向第聂伯彼得罗夫斯克农工综合体提供石油产品的特供商。因为生意上的往来，季莫申科结识了时任该州州长的帕维尔·拉扎连科。拉扎连科长期为季莫申科提供生意上的庇护，并将这个美女富豪介绍给了首都基辅的上流社会。不久之后，拉扎连科成为乌克兰总理，而季莫申科也正式进军政坛。

1996年，36岁的季莫申科开始竞选基辅格勒地区的议会议员。她信誓旦旦地说：我有足够的知识、能力以及经验。只要我进入政界，就会尽我所能使你们过上好日子。

季莫申科的诚恳与曾经的贫困经历在这个落后的农业地区引起了很多人的共鸣，她终于赢得了选民的信任，顺利当选。

首登权力高峰

乌克兰前总统尤先科在1999年出任总理时，就亲自找到了季莫申科，并任命她为主管能源的副总理。此时，距离季莫申科当选议会议员不过两年的时间。

尤先科起用季莫申科，是出于政治利益的考虑。当时，尤先科被任命为总理，但其政治实力与时任乌克兰总统的库奇马比起来还有较大差距。急需积攒力量寻找援军的尤先科很快就看上了曾经的反对派代表人物季莫申科。一方面，尤先科与季莫申科在政治理念上有相似之处。尽管当时季莫申科的公开政治立场转变为支持库奇马，但尤先科认为这只是季莫申科为了保全自己的一个应景之作。另一方面，既然季莫申科已经与前任总统拉扎连科划清了界限，又向库奇马阵营发出了和解的信号，那么库奇马方面自然也不好过多地阻挠她出任副总理。最后，季莫申科从1998年开始出任乌克兰国家预算委员会主席。在国家预算委员会工作的两年中，季莫申科制定了一套全新的预算规则，成功地改变了收支比例，构筑了积极的补助金系统。这使得季莫申科具备了一定的民间政治基础。如果能够拉拢她，对于巩固和扩大尤先科的民众支持率也是有帮助的。

虽然人们对此颇有争议，但季莫申科管理经济的能力却得到了广泛的肯定。她充分运用了自己的经济学知识和多年经商的经验，大胆管理经济。她大刀阔斧地在经济领域推行改革，主张推行市场经济，加快大中企业私有化进程。在她的领导下，乌克兰解决了拖欠俄罗斯数十亿美元的债务问题，恢复了与其他国家在机械制造、管道工业等领域的经济关系，使乌克兰向俄罗斯的工业产品出口几乎翻了两番。季莫申科管理经济的能力不得不让大多数人刮目相看，她也因此获得国际经济学专家评出的"世界最优秀的危机处理经理人"称号。

跌入权力谷底

尽管拉扎连科帮助季莫申科发财和走向政坛,尽管尤先科帮助季莫申科迅速上位,不过,对季莫申科这一生影响最大的是乌克兰前总统库奇马。正是他在2001年免除了这位乌克兰第一位女副总理的职务,并以走私天然气、行贿和偷漏税等罪名亲自下令将季莫申科关进监狱。

在拉扎连科事件之后,季莫申科投向了库奇马阵营。但是正如许多分析人士所指出的那样,由于季莫申科与库奇马在政治理念上存在着巨大的分歧,她与库奇马的矛盾还是不可避免地会爆发。实际上,从季莫申科上任副总理开始,她与库奇马之间就已经出现了不和谐的因素。

在上任之初,季莫申科首先抓石油领域。她不顾寡头们的反对,对国家石油开采举行公开招标,最后成交价格比总统答应的每吨50美元要高出4倍。这对国家经济发展非常有利,但同时也侵犯了许多寡头的利益。正当她有意对被寡头控制的煤炭领域进行改革时,寡头们开始不断向库奇马施加压力。

2001年1月15日,乌总检察院以走私、行贿和偷漏税等罪名对季莫申科正式提出起诉。1月29日,乌总统库奇马解除了季莫申科副总理的职务。

2月13日,季莫申科因涉嫌参与行贿受贿,给国家造成了22亿多美元的重大损失被警方正式逮捕。在此之前，季莫申科的丈夫亚历山大已经因为被控向前总理拉扎连科行贿7500万美元，而被当局收押。

令人意外的是，在经过了42天的牢狱生涯后，季莫申科的声望却一下子如日中天，许多对她曾持怀疑态度的政党和组织都将她视为真正具有反对派气质的领袖人物、政坛新星。季莫申科一下子成为反对现行政权的受难者和女英雄。

成乌首位女总理

直到2004年10月31日的乌克兰总统大选中，由于没有任何选手达到法律规定的50%的多数，因此在同年11月21日在得票最多的两名选手维克托·尤先科和维克托·亚努科维奇之间举行重选。但是众多乌克兰国内外观察员报道说官方宣布的亚努科维奇获胜的结果是舞弊导致的，同时这也是公众普遍感觉到的。

尤先科的选举活动中使用橙色作为其代表色，因此这场运动使用橙色作为抗议的颜色。选举结果被公布后上百万抗议者聚集在乌克兰首都基辅的市中心，尤先科的支持者建立了一个24小时不断被占据的帐篷城，同时在乌克兰全国爆发了一系列由反对派组织的抗议、静坐、大罢工等事件，称为"橙色革命"。

迫于这些抗议运动，乌克兰最高法院宣布这次重选的结果无效，并规定在同年12

月26日重新重选。这第二次重选受到严厉的观察。乌克兰国内和国际的观察员均确认这第二次选举基本上没有任何问题。尤先科在这次重选中明显以52%的结果获胜，亚努科维奇获44%。2005年1月23日尤先科入职，标志着橙色革命的最终胜利。

季莫申科在橙色革命中与尤先科签订政治攻守同盟，为尤先科竞选使尽浑身解数，无论是组织群众还是对抗武装警察，她始终手拉手与尤先科站在队伍的最前列，一手为他铺就了通往总统宝座的红地毯。而季莫申科自己，则如愿以偿地成为了乌克兰首位女总理。但由于与尤先科在政治上的诸多分歧，从1月24日受命出任总理，到9月8日被解除职务，季莫申科在总理的位置上仅坐了200多天。

再登总理宝座

被解职后的季莫申科，带着她所领导的"季莫申科联盟"党派，单独参加了3月26日最高议会选举。这一年的议会选举共有45个政党参加，季莫申科联盟一跃成为了议会第二大党。最终前总理亚努科维奇领导的地区党得票最高，为32%；季莫申科领导的季莫申科联盟为22%；时任总理的叶哈努罗夫领导的人民自卫联盟得票率仅为14%。由于新一届议会的5个党派获得的绝对席位都没超过半数，不能单独进行组阁。这种情况下，如果各党派不能在30天内联合，并在60天内组建联合政府，那么总统有权宣布解散议会，再次选举。7月，最终由于选举位列第四大党的乌克兰社会党投入了亚努科维奇的怀抱，亚努科维奇当选总理，季莫申科与之失之交臂。

自2006年8月，新政府上台后，季莫申科联盟与亚努科维奇的执政当局一直矛盾重重，到2007年3月，矛盾加剧，双方多次爆发示威活动及冲突，在这种情况下尤先科下令解散议会，提前举行议会大选。季莫申科再次卷土重来，这次选择了昔日的战友尤先科结盟，因其总统权力一直被亚努科维奇政府所限制，又是曾经的总统竞争对手，所以与季莫申科的再次结盟就成了必然。但是，意外出现了，在2007年12月11日的两次投票表决中，季莫申科都只获得225票，离过半数只差一票，季莫申科尴尬之情溢于言表。之后，尤先科再次为季莫申科出任总理开了绿灯，于12月18日再次要求议会对季莫申科出任总理表决，最终共有226票支持季莫申科出任总理，这是宪法规定议会任命总理的最低票数。季莫申科终于重返总理宝座。

从总理变囚徒

季莫申科在上台后，采取了一系列惠民举措，很快收到了成效，其支持率大幅上升至27%，成为乌克兰国内最受欢迎的政治家。尤先科却未突破10%，远远落后季莫申科。于是尤先科开始对季莫申科发起进攻，指责她所推行的政策旨在拉取选票。随之而来的是两方无休止的对抗，乌克兰新一轮的政治危机也渐渐形成。直到2009年的总统大选筹备工作拉开序幕，18位候选人，最有望的还是季莫申科、尤先科与亚努科维奇等三人。2010年1月，首轮大选尤先科就被淘汰出局，第二轮大选季莫申科终究还是败给了昔日"旧敌"亚努科维奇，与总统职位擦肩而过。

　　2010年2月，当选总统不久的亚努科维奇就要对季莫申科政府开始审查，牵出了一列案件。2010年3月，季莫申科被解除了总理职务，之后乌克兰成立了"季莫申科专案"调查小组，对季莫申科进行了1年半的调查与问讯。2011年8月季莫申科被羁押，同年10月法院宣判，判处尤利娅·季莫申科7年监禁，3年不得任公职，赔偿乌克兰国家石油天然气公司15亿乌币的经济损失。

编辑：陈威

……

　　事实上，对付谣言最有力的武器不是动用公权满大街缉捕造谣者，而是让真相借助于四通八达的言路，完整及时地公开晾晒。